BIBLIOTHÈQUE D'HISTOIRE CONTEMPORAINE

GUSTAVE RODRIGUES

La
France éternelle

« Je livre avec confiance
ma patrie au jugement de
tous les peuples civilisés. »
ANATOLE FRANCE.

LIBRAIRIE FÉLIX ALCAN.

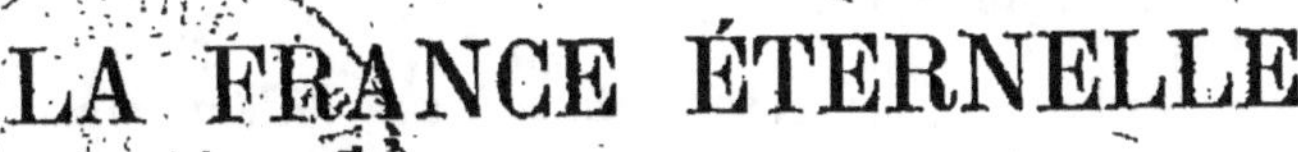

LA FRANCE ÉTERNELLE

DU MÊME AUTEUR

Le problème de l'action (*La pratique morale*). 1 vol. in-8°
de la *Bibliothèque de philosophie contemporaine*, 3 fr. 75.
(Félix Alcan, 1909.)

Le peuple de l'action. *Essai sur l'idéalisme américain.*
(Armand Colin, 1917).

Pourquoi les Américains sont venus en France.
(Grasset, 1918).

LA FRANCE ÉTERNELLE

PAR

GUSTAVE RODRIGUES

« Je livre avec confiance ma patrie au
jugement de tous les peuples civilisés. »

ANATOLE FRANCE.

PARIS

LIBRAIRIE FÉLIX ALCAN

108, BOULEVARD SAINT-GERMAIN, 108

1919

PRÉFACE

La France éternelle ! Jamais le mot du poëte, dans sa splendeur saisissante, n'aura pris un sens plus juste et plus fort qu'à l'heure actuelle. La France était condamnée à mort, et voici qu'au lendemain du cataclysme sans précédent qui devait l'anéantir, elle surgit de ses ruines, régénérée et rajeunie.

Comment expliquer cette inimaginable résurrection ? On a parlé du « miracle français ». Soit, mais à condition d'enlever à cette expression tout ce qu'elle contient de mystique. Le salut de la France n'a pas été un don gratuit conféré par une grâce surnaturelle à une nation élue entre toutes les autres. Il est venu du plus profond de la France elle-même. Le miracle français est proprement le miracle humain, le miracle de la volonté la plus ferme mise au service de la raison la plus sûre. Le miracle français est avant tout le miracle de l'intelligence canalisant et disciplinant toutes les énergies physiques et morales d'un peuple d'exception qui ne veut pas mourir.

Quel est-il donc, ce peuple? Et que vaut-il? et que veut-il vraiment?

Question depuis longtemps posée et qui reste toujours ouverte. Déjà, l'un des rêves de Michelet, et l'un des plus ardents, c'était que la France s'enseignât elle-même à tous ses enfants; c'était de les appeler tous, avant l'éducation spéciale du collège ou de l'atelier, dans « une école commune, où l'on n'apprendrait rien d'autre que la France [1] ».

« Apprendre la France », et l'apprendre à la fois aux Français et aux étrangers, telle est bien l'une des tâches les plus essentielles de l'heure présente. Tous ont les yeux fixés sur nous; tous, de tous les points de l'horizon, viennent à nous. Ils ont le droit de savoir de nous qui nous sommes et nous avons le devoir de le leur dire. Il faut faire connaître l'âme fran-

1. Michelet, *Le peuple*, p. 339.

çaise. C'est notre rôle, à nous autres Français.

La tâche nous est d'ailleurs rendue facile. D'autres, à toutes les heures de son histoire, ont dit la France et, en la comprenant, ils ont appris à l'aimer. Nombreux sont ceux de nos littérateurs, de nos philosophes, de nos historiens, qui ont cherché à pénétrer son secret. Et non moins nombreux peut-être ceux qui, dans d'autres nations, avant et surtout depuis la grande guerre, ont tenté de le découvrir. Les uns et les autres ne peuvent qu'éclairer notre vision. Avec eux et après eux, nous voulons avoir conscience de ce qu'elle est, de ce qu'elle fait, et même, s'il nous est possible, essayer de pressentir son avenir dans son présent.

Tel est le but de ce livre : un effort modeste et sincère pour mettre en lumière les grands traits de notre pays, un désir de le rendre familier à ceux qui, d'instinct, sympathisent avec lui, qui en ont la curiosité, qui en subissent l'attraction. On voudrait leur dire simplement : La France, la voilà, non pas telle qu'elle est tout entière sans doute — qui donc aurait une telle prétention ? — mais comme on la voit et surtout comme d'autres l'ont vue qui étaient qualifiés pour la révéler. On ne vise pas à être original. On ne cherche qu'à être vrai.

LA FRANCE ÉTERNELLE

PREMIÈRE PARTIE

LE MILIEU

CHAPITRE PREMIER

L'HISTOIRE

La France est sans doute un pays merveilleux, elle est en tout cas un pays qui émerveille. Amis ou ennemis, tous ceux qui l'ont parcouru s'accordent sur ce point : elle étonne et on l'admire.

Elle étonne, parce que le fait même de son existence est un miracle et comme un défi aux lois de la vie. Il semble qu'elle contienne dans son sein des germes de mort et elle témoigne d'une vitalité incomparable. La France est avant tout le pays des contradictions.

Contradiction dans sa constitution physique :

elle allie les régions les plus disparates, les climats les plus opposés. Par quel mystère le Provençal, avec le charme de sa langue d'oc et l'azur de sa Méditerranée, a-t-il pu former une alliance aussi étroite avec le Breton au sol granitique, avec le Flamand au climat brumeux dont les mœurs sévères et le rude dialecte font violence à tout ce qu'il connaît et à tout ce qu'il aime? Telle de nos provinces, l'Auvergne, suggérait déjà à Michelet le sentiment du « génie inconséquent et contradictoire de la France » [1].

Contradiction dans les qualités originales de la race. Elle est joyeuse, tantôt épanouie et tantôt frivole. C'est le large rire, gras et sain, d'un Rabelais; c'est le ricanement de Voltaire; c'est le sourire indulgent et amusé de La Fontaine. Mais nul pays ne sait être plus grave et plus douloureux. C'est la pensée tourmentée d'un Pascal, l'âme austère d'un Vigny ou l'âme frémissante d'un Victor Hugo. « La grandeur de la France est de renfermer les pôles opposés... La France a été une nation sérieuse et spirituelle. [2] »

Et le reste est à l'avenant. Contradictoires, cet instinct belliqueux qui la jette éperdue dans les bras d'un Napoléon, et ces larges aspirations pacifiques et humanitaires qui ont caractérisé toutes ses révolutions. Contradictoires, ce farouche besoin

1. Michelet, *Notre France*, p. 86.
2. Renan, *Questions contemporaines*, p. 113.

de liberté qui se retrouve à toutes les pages de son histoire, depuis le soulèvement des Communes ou celui de Jacques Bonhomme jusqu'aux barricades de 1848 et de 1871, et cette docilité à subir ou même à solliciter le joug, à acclamer l'absolutisme d'un roi de droit divin ou la dictature d'un empereur. Contradictoires, cette foi catholique ardente et souvent étroite qui fit de la France « la fille aînée de l'Église » et cette libre pensée déiste, sceptique ou athée qui lui fait renverser et — ce qui peut-être est plus grave — déserter ou ignorer les autels. Contradictoires enfin, cet élan de l'esprit, cette curiosité intellectuelle qui la mettent à l'avant-garde de toutes les nations quand il s'agit de découvrir, et cette paresse d'esprit, cette lenteur dans la réalisation qui la rejettent bien loin en arrière quand il convient d'utiliser ce qu'on a trouvé.

De ces contradictions on meurt, et elle vit. Que dis-je? Elle vit d'une vie plus intense, plus riche que tous les autres peuples. Et surtout, elle ne vit pas seulement sur elle-même, elle rayonne au dehors. Son territoire, à la suite de guerres malheureuses, a pu souvent diminuer, sa population décroître, son commerce fléchir et son industrie décliner; sa gloire reste intacte, son action sur l'Europe et sur le monde n'a jamais été plus efficace. Même matériellement amoindrie, elle demeure, nous ne dirons pas la première, mais la seule; elle est unique. Tous les pays, à tort ou à raison, la regardent comme étant « d'un autre ordre. » Aussi est-elle restée le point de mire de tous les yeux, le modèle de ceux qui la dénigrent aussi bien que de ceux qui l'exaltent.

D'où vient la situation exceptionnelle faite à ce pays? Il faut répondre : de son histoire. Plus qu'aucune autre nation, la France est le produit de l'histoire, c'est-à-dire au fond de la volonté humaine. Michelet, qui l'a profondément comprise pour l'avoir ardemment aimée, a su découvrir son secret : en elle, l'histoire a annulé la géographie. La géographie, c'est la nature, c'est la fatalité ; l'histoire, c'est l'homme, c'est la liberté. Un pays lié à sa géographie est un pays asservi aux nécessités naturelles ; un pays qui est le produit de son histoire est un pays qui s'en est affranchi.

Dans cette histoire de la France, il y a eu, il y a encore des contradictions profondes. Les tendances adverses, irréductibles, se sont heurtées, combattues avec acharnement toujours, avec férocité parfois. Plus qu'aucune autre nation, la France s'est faite dans le sang. Et la lutte des partis n'est pas finie : ces tendances, la grande guerre a pu les masquer pour un temps, « l'union sacrée » a suspendu les hostilités sans désarmer les adversaires, mais les oppositions subsistent, invisibles et toujours présentes. Et c'est le génie de la race d'avoir su les harmoniser sans les détruire, d'avoir pu maintenir leur coexistence sans diminuer leur âpreté. La contradiction excite sa vitalité. Allons plus loin, elle constitue son essence. Toute l'énigme de l'âme française est là. Il nous reste à le prouver.

I

Quelle est donc cette histoire ? Celle d'un peuple très ancien, mais qui n'en est pas moins resté très jeune. Si nous en exceptons les vieilles civilisations asiatiques de la Chine et de l'Inde, ces mortes vivantes, la France est — et de beaucoup — le pays qui dans le monde compte le plus long passé.

De quand date-t-elle ? Question obscure, difficile à résoudre, car elle s'est longuement cherchée avant de se trouver, avant même de se pressentir. Et quand enfin elle a pris conscience d'elle-même, quand elle s'est voulue comme nation, il lui a fallu des siècles pour réaliser son unité.

Unité à la fois géographique et morale. Elle a pris âme en prenant corps. Ce qui fait sa solidité, c'est qu'elle n'est pas, comme tant d'autres peuples, ou une âme sans corps, une Pologne qui se cherche et qui ne se trouve pas, ou un corps sans âme, une Russie qui s'effrite au premier choc profond et se résout en une poussière de nationalités hétérogènes. La France, précisément parce qu'elle fut l'œuvre d'une création lente, a su mouler son organisme sur sa pensée et sur sa volonté d'être.

L'équilibre est réalisé chez elle entre ces deux éléments de la patrie, la terre et l'homme, le réel et l'idéal.

De si loin qu'elle puisse dater, il ne faut pourtant pas faire remonter son existence trop haut dans l'histoire. « Dans le premier âge, il n'y a pas de France, il y a la Gaule, sur laquelle les races viennent se déposer l'une sur l'autre. [1] » La Gaule, terre d'élection, avec cette « mesure » qui la caractérise en tout ; la Gaule, privilégiée par sa nature géographique, la découpure de ses côtes, son climat tempéré, les eaux lentes de ses fleuves, la fertilité de ses terres arables ; la Gaule, point d'arrêt à la fois inévitable — puisqu'elle est barrée par la mer infranchissable — et désiré — puisqu'elle offre ses richesses faciles à recueillir — pour toutes les hordes venues des quatre coins de l'horizon ; la Gaule qui fut au début une colonie heureuse pour tous les envahisseurs.

De partout, en effet, nous la voyons submergée par les invasions. Les Ibères franchissent les Pyrénées comme les Romains les Alpes. Les Grecs abordent sur la rive méditerranéenne. Les Germains passent le Rhin. Plus tard, ce sera l'homme du Nord, le Northman qui, descendant de la Scandinavie, débarquera sur les côtes de la Manche et de la mer du Nord, peuplera une de nos provinces et remontera la Seine pour venir mena-

1. Michelet, *Notre France*, p. 1-2.

cer Paris. Tous ces peuples divers, ou plutôt toutes ces bandes, formeront autant de couches sédimentaires, autant de strates successives au-dessus de la race primitive, du vieux Celte autochtone — ce terrain primaire ferme comme le roc de sa vieille Bretagne sous toutes ces alluvions successives.

De là, au début, un complexus, un fouillis sans nom. Des mélanges et des échanges. Le sang subtil du Sud mêlé au sang lourd du Nord, au sang rude de l'Est. La race se fait lentement, par la fusion de toutes les races. Elle résulte de ces milliers d'influences diverses, de ces croisements sans cesse renouvelés. Le sang français est un sang « impur » s'il en fut jamais, un sang bâtard, mais point abâtardi, au contraire. Il se forme peu à peu un type individuel d'exception, où toutes les qualités pénétreront tous les défauts, où, de la pire barbarie du Goth à la civilisation raffinée du Gréco-Romain, s'uniront tous les extrêmes. Et, dès l'individu, on s'explique la contradiction ou plutôt l'amas des contradictions possibles et probables de la race. Il y a mille hommes en un. Dans le Français primitif on voit comme le lieu géométrique, le point d'intersection d'influences multiples issues de toutes les directions ; en lui se concentrent les traits épars empruntés à tous les peuples. Comment n'aurait-il pas une âme mobile et changeante, lui qui résume en sa seule personne toutes les humanités d'autrefois ?

Ainsi, le Français précède la France. Et par suite, les débuts de notre histoire ne sont pas une histoire, mais un chaos. La dynastie mérovingienne nous présente une succession de rois brutaux et de rois fainéants, de chefs de bandes ou de jouisseurs. Elle n'est rien moins que la France, on ne trouve dans les récits légendaires de ces familles divisées ni l'ombre ni le soupçon d'une unité nationale.

Avec les Carolingiens, l'effort de coordination est manifeste, mais il reste impuissant, condamné par avance à la stérilité. Il est contrarié du dehors par l'irruption incessante d'éléments nouveaux ne permettant au type national ni de se consolider ni même de se fixer. Au dedans, il se heurte aux ambitions démesurées et impérialistes du grand Charles. L'unité du pays est tout apparente. Sous l'égide de l'Église, c'est un pouvoir tyrannique imposé à des éléments qui ne tendent qu'à se disperser. La France est la chose d'un homme, un domaine et non pas un pays. Elle aussi, comme la Russie actuelle, a ses allogènes. Et, à la mort de ce tzar de génie, Charlemagne, la propriété se divise, le royaume se morcèle.

Pourtant, jusque dans cette contrainte et cette dispersion, on sent un premier besoin d'unité issu des profondeurs ignorées de ce qui, plus tard, sera une nation. Besoin obscur, aspiration inconsciente qui n'arrive pas à se réaliser. « La France naissante — par le travail intérieur qu'elle a toujours fait sur elle-même — voudrait déjà devenir un monde social, mais l'organisation d'un tel monde suppose la fixité et l'ordre [1]. » Et nous n'avons encore que changement et que chaos.

L'avènement des Capétiens marque le point de départ de notre véritable histoire nationale. « La France est le résultat de la politique capétienne continuée avec une admirable suite [2] ». « La formation de la nation par l'action de la dynastie capétienne est le plus bel exemple de création vivante que présente l'histoire d'aucun pays [3]. »

A dater de ce moment, en effet, sont réalisées les deux conditions nécessaires à la formation d'une nation : un centre de ralliement et une volonté d'unification. Un centre : l'Ile-de-France; une volonté : celle du roi.

Cette « *Ile* de France » si bien nommée fut au pays ce que la Lutèce primitive devait être au Paris d'aujourd'hui. Autour de *l'île* de la Cité se sont agglomérées, siècle après siècle, les faubourgs, les villages, les bourgades qui ont fait d'elle la capitale des capitales, le centre intellectuel du monde civilisé. Autour de *l'île* française allaient se réunir en même façon et après un aussi long temps les provinces éparpillées qui ont fait cette nation unique, à la fois la plus personnelle et la plus universelle de toutes.

1. Michelet, *Notre France*, p. 2.
2. Renan, *Réforme intérieure et morale*, p. 19.
3. Id., *Discours et conférences*, p. 158.

Ce qui frappe d'abord, c'est en effet la dispersion. Il n'y a pas une France, il y en a mille. La maison, le duché de France, voit se dresser devant elle d'autres maisons rivales contre lesquelles il lui faudra lutter pour conserver ou pour reconquérir sa souveraineté. Elle est menacée à la fois à l'intérieur du pays par la féodalité, au dehors par les ambitions étrangères.

La féodalité manifeste la prééminence du principe local sur le principe national. On voit surgir, sur tous les points du territoire, une multitude de petites principautés pratiquement indépendantes, en dépit du lien apparent de suzeraineté. Le vassal, dès qu'il se sent assez fort, tient tête à son seigneur. En tout cas, même s'il garde la foi jurée, il reste maître chez lui. Son supérieur n'est pas son maître; ses obligations, précises, restent limitées. Et, dans le domaine où il exerce sa souveraineté, il est un chef, le protecteur des gens du terroir, des serfs attachés à la glèbe.

De là, on doit le reconnaître, un premier essai de consolidation, un premier principe de groupement, une première digue opposée aux flots de l'invasion étrangère. C'est un ordre qui se forme dans la confusion primitive. « Ces comtes et ces barons, en s'opposant aux immigrations de races nouvelles, permirent à la France de se fixer, de devenir un monde social... Ainsi protégé, le pays prendra consistance et se caractérisera peu à peu [1]. » Mais il ne se caractérisera pas encore *comme pays*. Il n'y aura que des « puissances locales [2] » sans cesse en conflit et qui donneront le spectacle d'une France effroyablement et en apparence irrémédiablement divisée.

Mais en apparence seulement, car si la France est morcelée, les morceaux en sont bons et surtout résistants. Le pays forme bloc, précisément à cause de cette personnalité fortement accusée. Chaque seigneurie, née d'un impérieux besoin d'union, est elle-même poussée vers une forme d'union plus haute. Elle a le sentiment obscur qu'il lui faut se rapprocher des autres et se cimenter avec elles. En ce sens, l'unité locale, parcellaire, prépare l'unité globale, nationale. De là ce choix d'un « chef des chefs », d'un « seigneur des seigneurs » analogue au « roi des rois » que se donna la Grèce légendaire dans sa lutte contre Troie.

Cette convergence des efforts, cette acceptation au moins théorique d'une discipline et d'une souveraineté prouve davantage encore, un refus de toute domination étrangère. A l'origine, le choix d'Eudes fut dicté par le désir de se soustraire à la dynastie carolingienne, c'est-à-dire à l'emprise de la race tudesque symbolisée par l'homme du Rhin. La nation s'affirme comme nation. « Elle

1. Michelet, *Notre France*, p. 9.
2. *Id.*, *ibid.*, p. 10.

veut un Français pour gouverner la France [1] ».
Plus tard, toutes ses énergies seront tendues
contre une autre dynastie étrangère, celle des
Plantagenêt. Elle refusera l'Angleterre comme
elle a rejeté l'Allemagne.

Mais si la France se veut, elle ne se peut guère
encore. Elle n'a qu'une existence précaire et
presque illusoire. Les vassaux se refusent autant
qu'ils se donnent. Il faudra les réduire les uns
après les autres, combattre un duc de Normandie
ou un Charles le Téméraire. Il faudra surtout, au
plus fort de ces mêlées tragiques et de ces guerres
intestines, faire face à l'ennemi qui entend profiter
de ces divisions. Vingt fois, la nation semble devoir
succomber dans la lutte; en réalité, elle s'y trempe
et elle s'y façonne. Elle peut être vaincue, voir sa
capitale menacée, son roi forcé de fuir à Bourges
ou tombant entre les mains de l'agresseur; elle
n'en tend pas moins à devenir elle-même. Et, en
fin de compte, c'est à l'invasion anglaise et à la
guerre de Cent Ans qu'elle est redevable de son
unité. Jeanne d'Arc, Jeanne la Lorraine ou mieux
Jeanne la Française restera immortelle comme le
symbole de la nation surgissant et se réalisant dans
l'épreuve. La première, elle aura prononcé ce nom
de « Français » avec l'accent d'amour qui est le
véritable accent national. « La Pucelle ne tardera
pas à dire : *Le cœur me saigne quand je vois le*

1. *Id., ibid.*, p. 11.

sang d'un Français. Un tel mot suffirait dans l'histoire pour marquer le commencement de la France [1]. »

Et, dès ce commencement, nous saisissons les disparates, nous trouvons les contradictoires et nous voyons comment elles s'harmonisent. De cette multiplicité de France éparpillées, il se dégage deux France ou plutôt deux fois deux France : d'une part, la France féodale en face de la France nationale, les seigneurs en face du roi et en face du peuple; de l'autre, la France populaire ou démocratique en face de la France aristocratique et autocratique, le peuple en face du roi et en face des seigneurs. La première opposition est alors la plus accusée; la seconde est plus profonde et devait survivre à l'autre, mais elles existent toutes deux.

Le système national en face du système féodal, c'est la centralisation en face de l'autonomie provinciale. De ces deux principes on sait quel est celui qui a fini par triompher. La France a dû à l'effort patient de ses rois et de leurs ministres, à un Louis XI, à un Henri IV, à un Louis XIV, à un Richelieu, à un Colbert, d'être le pays du monde le plus centralisé, d'être *la* France. Elle l'a dû aussi à la masse profonde du peuple, menée à l'unité par son plus sûr instinct. Sur ce point tout au moins, la Révolution a continué et achevé l'œuvre de l'absolutisme. Le tocsin au son duquel s'est

1. *Id., ibid.*, p 20.

écroulée la Bastille a vu du même coup s'effacer les frontières entre les provinces.

Le système démocratique en face du système autocratique ou aristocratique, c'est la Constitution, sinon la République, en face du système du bon vouloir. Sans doute, 93 a seul finalement réalisé ou du moins pleinement affirmé la démocratie, mais celle-ci était déjà en germe dans les luttes ardentes de Jacques Bonhomme et dans le mouvement communal.

La France est donc bien la contradiction vivante, réalisée, la contradiction du pouvoir central en lutte contre les pouvoirs locaux, la contradiction du principe de liberté en lutte contre le principe d'autorité.

II

Nous avons, à très grands traits, essayé de rendre la physionomie de la première lutte. Elle n'appartient plus qu'au passé. La vie provinciale, nous le verrons mieux par la suite, a cédé le pas à la vie nationale. Il nous faut insister sur le second conflit, aussi âpre, aussi ardent aujourd'hui qu'il le fut jamais.

Il date, lui aussi, des premières heures de notre histoire. Et sur ce point on se méprend souvent. Frappé par le grand fait, le fait exceptionnel de la Révolution, on fait dater celle-ci du jour où elle éclate. Or, ses origines remontent bien loin dans notre passé et son développement, qui n'est pas encore achevé — il s'en faut — se prolongera très avant dans l'avenir. La Révolution a presque commencé avec la vraie France et elle ne finira sans doute qu'avec elle — si tant est qu'elle finisse jamais — en conquérant par son esprit, non par la force, et en pénétrant l'univers. La grande guerre d'hier est essentiellement une guerre française parce qu'elle est une guerre révolutionnaire, une lutte des autocraties finissantes contre les démocraties naissantes. Elle prépare pour le monde un ordre nouveau, l'ordre conçu et partiellement réalisé en France par les Constituants de 89 et les Conventionnels de 93. Elle n'est au fond que la Révolution étendue d'un pays à tout le monde civilisé, l'histoire de France s'élargissant, selon la loi de son développement, en histoire universelle.

Dès qu'elle prend conscience de ce qu'elle est et de ce qu'elle veut être, la France affirme son génie révolutionnaire. En ce sens, la première grande figure de la Révolution française, ce n'est pas celle d'un Mirabeau, ce n'est même pas celle d'un Voltaire, d'un Rousseau ou d'un Diderot, ces précurseurs de la veille. Ce serait au mieux celle d'un Étienne Marcel. Et encore faudrait-il remonter plus loin. Les premiers révolutionnaires français, on les trouverait parmi les bourgeois et les artisans des communes, parmi ces producteurs indépendants épris de liberté et réclamant leurs « franchises ». C'est en France que s'est affirmé d'abord le Tiers État. C'est en France aussi que, plus tard, s'est constitué comme parti de classe ce Quatrième État qui d'un troupeau d'esclaves a voulu faire une organisation dirigeante du travail et de la production. République, socialisme, toutes ces grandes idées, toutes ces utopies-berceaux sont d'origine française.

Augustin Thierry l'a montré avec force. Il salue dans le soulèvement des communes « une véritable *révolution sociale*, prélude de toutes celles qui ont élevé graduellement la condition du Tiers État [1] ». Il y voit « le berceau de notre liberté moderne [2] », et dans cette tradition plébéienne trop longtemps ignorée il entend chercher notre « histoire vraiment, c'est-à-dire complètement nationale [3]. » Quinet, animé de la même ferveur démocratique, éclairé de la même lumière historique, ne tient pas un autre langage. Pour lui, « le fait le plus important et qui semblait devoir être le plus fécond de l'ancienne France est l'établissement des communes [4]. » Dans ceux qui ont pris la tête du mouvement d'émancipation, il salue « nos précurseurs [5] ». L'histoire de France véritable n'est pas

1. A Thierry, *Dix ans d'études historiques*, Préface.
2. *Id.*, *ibid.*
3. *Id.*, *ibid.* — V. encore Lettres sur l'histoire de France, p. 15.
4. Quinet, *L'Esprit nouveau*, p. 133.
5. *Id.*, *Philosophie de l'histoire de France*, p. 262.

l'histoire des rois de France, c'est l'histoire du peuple français, l'histoire de la roture.

Mais ces impulsions généreuses, ces élans révolutionnaires sont prématurés. L'effort n'aboutit pas, les succès sont sans lendemain. Les chartes, octroyées sous la contrainte, sont déchirées dès qu'on peut le faire sans danger. La liberté doit attendre 1789.

Et c'est au contraire, avec la centralisation, le despotisme qui va triompher. La royauté, appuyée par le peuple, portée par le peuple, se retourne contre lui. « L'âge d'or des libertés communales [1] » fut remplacé par l'âge de fer de l'absolutisme monarchique. Le grand siècle, le siècle de Louis XIV, n'est qu'un siècle de servitude. La Cour de Versailles a, pour un temps, maté le peuple de Paris. On ne voit rien, dans le faste de cette ville artificielle, qui rappelle le large esprit d'indépendance de la race.

La contradiction du caractère français éclate à nouveau quand on rapproche ces deux dates, si voisines l'une de l'autre, séparées par moins de trois quarts de siècle : 1715, la mort de Louis XIV, la mort du roi ; 1789, la prise de la Bastille, l'agonie de la royauté. Est-ce le même peuple, non, est-ce le même homme qui, enfant, applaudit à la vieille servitude, vieillard, acclame la jeune liberté ?

Oui, c'est le même homme, suivant, dans l'es-

1. A. Thierry, *Dix ans d'études historiques*, Préface.

pace d'une même génération, le «rythme sur lequel se meut son histoire[1]», l'histoire de la nation dont il fait partie. Histoire toute en montagnes russes, si l'on ose ainsi parler, montées rapides suivies de descentes brusques après lesquelles recommence une nouvelle montée rapide. « Après un pas en avant, un pas en arrière, et l'équilibre rétabli par un mouvement imprévu, un acte spontané, c'est-à-dire une révolution[2] ». « *Action, Réaction, Révolution.* Comment sortir de ce rythme à trois temps, dans lequel chacun amène nécessairement celui qui le suit[3] ? »

C'est bien simple, on n'en sort pas. On y vit et on en vit, du moins quand on s'appelle la France. Jamais, en fait, la vie n'a été plus intense chez elle qu'au xixᵉ siècle et jamais le pays n'a traversé plus de catastrophes ni subi plus de secousses. En moins de cent ans, il aura connu jusqu'à huit régimes, en parcourant toutes les gammes du clavier politique : une monarchie quasi-absolue au retour des Bourbons, deux monarchies constitutionnelles, l'une éphémère et précaire avec les dernières années de Louis XVIII l'autre plus stable et plus sage sous Louis-Philippe, deux empires et trois républiques. L'équilibre, il est vrai, tend à se faire, et le régime actuel à se stabiliser; ce n'est

<hr>

1. Quinet, *L'esprit nouveau*, p. 133.
2. *Id. ibid.*, p. 134-5.
3. *Id. ibid.*, p. 135.

pas faute, d'ailleurs, d'être violemment combattu.
Il subsiste toujours — et nous les retrouverons à
maintes reprises sur notre route — des éléments
d'opposition tenaces, dont certains demeurent
irréductibles et inassimilables.

Il ne s'agit pas pour l'instant d'étudier la Révolution en et pour elle-même, ses effets, ses bienfaits
ou ses méfaits. Simplement, il importait de mettre
en relief ce génie révolutionnaire qui semble bien
exprimer une des faces au moins de l'âme française.
Il n'est pas né *ex abrupto* et comme par miracle, il
préexistait dès les premières heures. La Ligue, la
Fronde, tous ces mouvements de révolte, toutes ces
crises brèves, toutes ces saccades sans lendemain,
en sont des manifestations certaines. Aussi, du jour
où le mouvement a pu se développer relativement
sans contrainte, il a éclaté à tout propos. Et c'est là
ce qui donne au XIXe siècle son caractère pleinement
original, celui d'une course à l'abîme... ou au salut.

Siècle prestigieux s'il en fut jamais, siècle de la
plus grande expérience politique, en annonçant et
en préparant un autre, le XXe, qui pourrait bien
être le siècle de la plus grande expérience sociale.
Le XIXe siècle est le siècle de la France, celui de
l'élan généreux d'un peuple qui cherche à se libérer afin d'affranchir tous les autres.

Ce siècle est grand et fort, un noble instinct le mène.

Il est trouble aussi, confus, chaotique. Il veut,

dans sa hardiesse, faire table rase du passé pour construire l'avenir.

On a prétendu, il est vrai, notamment en Allemagne, que le XIXe siècle avait été, au total, un siècle de réaction. Ce demi-paradoxe est peut-être vrai en gros pour l'Europe qui, depuis 89, s'est attachée un peu partout à une œuvre de contre-révolution, a fabriqué l'Allemagne impérialiste et consolidé la Russie tzariste; mais il reste faux pour la France. Le XIXe siècle, pour elle, aura été surtout un siècle de tâtonnement, de lutte entre les deux principes qui la constituent. C'est en lui et par lui que se seront révélées les deux France, dont on ne saurait, autrement que par un optimisme factice et volontaire, nier l'opposition en son sein. Et par là, plus que tout autre, il aura permis au pays de prendre conscience de lui-même. Il aura consisté dans une série d'essais suivis de retouches, dans des adaptations, des désadaptations et des réadaptations successives. La France disloque un idéal et elle en éprouve un autre. Elle disloque l'idéal caduc de l'autocratie vermoulue, elle éprouve l'idéal un peu jeune, un peu vert de la démocratie naissante. Le XIXe siècle a été pour elle une grande expérience dont il serait téméraire, même à l'heure actuelle, de prédire le résultat.

Quoiqu'il en soit, une chose est certaine, c'est que cette France est vivace et que toutes ses crises ont un peu l'aspect de crises de croissance.

Nous indiquions plus haut que si elle a de longs jours derrière elle, elle n'en reste pas moins foncièrement et éternellement jeune. Telle était déjà la pensée de Quinet, lorsqu'il essayait de dégager le rythme de sa vie, cette « marche ondulatoire qui tient de l'enfance, non de la vieillesse[1] ». Elle semble animée surtout par une impatience d'être et de se réaliser. Ajoutons qu'elle se réalise. Ses rois, s'ils l'ont faite, l'ont aussi captée et ankylosée. Si elle fût restée leur chose,

> Dans une longue enfance ils l'auraient fait vieillir.

Sous couleur de retarder ses impatiences, ils l'ont engourdie autant qu'ils l'ont pu. Mais elle a voulu s'émanciper, elle s'émancipe ; disons plus, elle a vraiment atteint sa majorité.

C'est encore une des plus justes remarques de Quinet. A chacune des révolutions qu'elle a tentées, la France a rencontré devant elle de moins en moins de résistance. 1830 a coûté moins de temps et moins de sang que 89, 91 et 93. 1848 a été plus rapide encore. Le 4 Septembre fut l'œuvre d'un jour. Ajoutons que le bénéfice des expériences acquises n'a jamais été, même lors des pires rechutes, entièrement perdu. Jamais, de son plein gré, la France n'est revenue à l'ancien régime. Si, avec la Restauration, elle a connu de nouveau les Bourbons et le droit divin, c'est qu'ils lui avaient

1. Quinet, *L'esprit nouveau*, p. 135.

été imposés après la défaite et ramenés dans les fourgons de l'étranger. D'ailleurs, même alors, elle ne les a acceptés ou plutôt subis qu'avec au moins un semblant de régime constitutionnel, une apparence de représentation, sinon de Parlement. Par ailleurs, chaque fois qu'elle a affirmé sa volonté de façon expresse, ce fut pour manifester ses préférences, soit en faveur d'une monarchie modérée avec Louis-Philippe, soit pour une République. L'Empire, quoiqu'il ait été acclamé, n'est jamais issu que d'un coup de force, qu'il s'agisse du 18 Brumaire de Napoléon le Grand ou du 2 Décembre de Napoléon le Petit. Et cet Empire même, si parfois la nation a cru se reconnaître en lui, c'est parce qu'elle l'a paré, dans son illusion, des couleurs de la démocratie.

De nos jours enfin, c'est une République qu'elle possède et dont elle fait plus et mieux que de s'accommoder. République qui, dans ses origines et selon le mot symbolique de Thiers, a été acceptée comme « le régime qui divise le moins » : preuve que c'est non pas malgré ses divisions que la France existe, mais bien à cause d'elles et par elles ; c'est sur elles qu'elle s'est fondée. Et cette République est bien en train de devenir le régime qui rapproche le plus. Si elle est même parfois un peu trop la République des camarades, au point de ne pas toujours être assez la République du pays, elle aura eu du moins un premier mérite, celui de durer; elle en a un second, et plus précieux, celui de faire durer la France. C'est sous la République, par conséquent au moins un peu par elle, que le pays s'est relevé du désastre de 70. C'est à la République, qu'elles qu'aient pu être par ailleurs ses fautes ou son insouciance, qu'elle a dû d'abord sa prospérité dans la paix, ensuite sa résistance dans la guerre et finalement sa victoire. N'oublions jamais que s'il faut porter Sedan au passif du second Empire, Verdun et la Marne s'inscrivent à l'actif de la troisième République.

III

Que ressort-il donc finalement de ce long passé historique de la France? A n'en conserver que les grands traits, il se résume en trois larges périodes.

La première est celle de la confusion. Sous les Mérovingiens et même sous les Carolingiens, malgré le grand poème épique que fut le règne de Charlemagne (et peut-être à cause de lui), il n'y a pas de France. Avec les uns elle est trop peu, et elle est trop avec l'autre. On distingue les éléments qui lui permettront de se faire, mais il faudra à la fois qu'elle les agrège en un bloc et que, pour les contenir, elle les resserre dans ses propres limites. Au total, de cette époque primitive, qu'on pourrait appeler la « préhistoire de France », rien ne subsiste à l'heure actuelle dans la France d'aujourd'hui.

On n'en saurait dire autant de la suivante, celle qui se prolongera pendant huit siècles après l'avènement des Capétiens et dont nous sommes sortis depuis moins de cent cinquante ans. C'est la période de cristallisation et de consolidation. Elle suppose un noyau, un centre de résistance et d'action : c'est la monarchie qui accomplit, malgré toutes ses fautes, une œuvre héroïque, œuvre de courage et plus encore de patience.

Selon la fine remarque de Renan, « la France était une grande société d'actionnaires fondée par un spéculateur de premier ordre, la maison capétienne[1] ». Les Capétiens ont en quelque sorte joué la France. Spéculateurs à la fois prudents et hardis, ils l'ont gagnée ; moins heureux d'ailleurs ou moins avisés, ils auraient pu la perdre, et bien souvent il s'en est fallu de peu. Ils avaient, il est vrai, cet atout qu'ils ont toujours pu jeter sur le tapis aux heures critiques et qui leur a permis de battre leurs adversaires : ils étaient Français. A leur appel, le peuple a toujours répondu et en ce sens « l'union sacrée » a plus d'un précédent dans notre pays.

Il n'eût tenu qu'à eux, sans doute, de conserver et de parfaire le royaume qu'ils avaient gagné. Il

---

1. Renan, *Réforme intérieure et morale*, p. 8,

leur eût suffi de s'adapter au grand mouvement démocratique dont en somme, au moins pour une large part, ils étaient issus. Si Louis XIV ou même Louis XVI avait eu le sens des réalités, l'âme bourgeoise d'un Louis-Philippe, les destinées du pays eussent été sans doute profondément modifiées. Mais les rois de France n'ont pas consenti à être les rois des Français. Mis en goût par leur succès, ils ont fait ce que tout Conseil d'administration d'une entreprise prospère n'a que trop de tendance à essayer. Au lieu de gérer leur affaire, ils l'ont accaparée, ils ont exproprié les petits actionnaires. Le Président du Conseil a trusté la France.

Alors s'ouvre, révolutionnairement, la dernière période, celle que nous vivons et qui est encore loin d'être close. La Société démissionne son Président. Et même, estimant que ses comptes ne sont pas très nets et très bien apurés, elle se livre à cette opération de police un peu rude qui consiste à envoyer Louis XVI à l'échafaud. Désormais, la Société se donne d'autres statuts, plus aisément révisables et plus souvent révisés. Elle entend se gouverner elle-même et, tout compte fait, elle n'y a pas si mal réussi.

C'est ce dernier changement, ce changement radical dans l'orientation de sa politique intérieure, qui donne surtout au pays son caractère déconcertant. Il n'apparaît contradictoire que parce qu'il n'est ni trop ni trop peu unifié,

Trop unifié, il le serait s'il ressemblait encore à ce qu'il fut sous Louis XIV, à ce qu'était la Russie sous un tzar, ou même l'Allemagne sous un Guillaume II. La collectivité s'efface devant une individualité d'exception : « L'État, c'est moi. » Traduisons : Il n'y a pas un pays, une nation. Il y a un État, c'est-à-dire un homme, une caste, une armée, un gouvernement. On n'a pas à redouter les contradictions, car il n'y a pas de contradicteurs, ils sont morts ou embastillés. La pensée est morte, le silence est roi.

Par contre, la France pourrait être trop peu unifiée. C'est le cas des pays neufs, et notamment des États-Unis d'Amérique. Ce fut celui de la France primitive, — celle qui n'était pas, avant les Capétiens ; ce fut aussi celui de la France féodale, — celle qui était peu, parsemée et multiple. Là encore, il n'y a pas de contradictions possibles, faute d'un fond commun. Il n'y a de divergence que là où il y a jusqu'à un certain point communauté, sinon de fait, du moins de vues et d'aspirations. La Bretagne ou l'Aquitaine ne contredisent pas la France, tant qu'elles sont en dehors d'elle ; elles l'ignorent ou elles la combattent. C'est du jour où elles en font partie intégrante que les oppositions et partant les contradictions se font sentir.

Et nous avons peut-être là le secret de la vitalité française. La France n'a pas plus vécu sous Louis XIV que l'Allemagne n'a vécu sous Guillaume. La

France d'alors, c'était une poignée de dirigeants
et de courtisans, comme l'Allemagne impériale
n'était qu'un état-major. Elle était grande, elle
était forte, elle était triomphante... et elle n'était
pas. Pour qu'elle fût, il lui fallait devenir, selon le
mot du poète,

La libre France enfin surgie.

Il fallait qu'il y eût des individualités françaises,
des citoyens français. Un pays ne naît qu'avec la
liberté.

Mais avec la liberté, par la force des choses,
naît la diversité et par conséquent la contradiction.
La vraie France, à toutes les heures de son histoire, ce fut la France divisée et non pas la France
unifiée. Unité de conscience, unité de pensée,
unité de foi, c'est tout un; c'est la suppression de
la nation comme telle, puisque c'est la mort civile,
politique, morale de tous ceux qui la constituent.
Il n'y a pas d'Église en dehors du schisme, il n'y a
pas de pays, et moins encore de France en dehors
de l'hérésie.

De là vient cette personnalité marquante que
tous s'accordent à nous reconnaître. Un étranger
qui, par une heureuse fortune, sympathise avec
nous tout en nous comprenant, M. Barrett Wendell,
se trompe pourtant sur ce point. Il semble craindre
que l'unité morale du pays soit compromise parce
qu'il croit découvrir en lui trois partis irréconci-

liables, les républicains, les monarchistes et les impérialistes[1]. Il est d'ailleurs contraint d'avouer, avec une parfaite loyauté, que malgré cette « complexité d'idéaux[2] », engendrant des conflits, pour ne pas dire des haines, peu de nations donnent, au même point que la nôtre, un sentiment de permanence et de solidité. Mais ce n'est pas *en dépit de* ces conflits, c'est très précisément *à cause* d'eux qu'il en est ainsi. Le jour où le conflit cesse, c'est que le parti vainqueur a, non pas seulement vaincu, mais supprimé les partis adverses. Et, ce jour-là, la France est morte.

Or, il semble bien, malgré les apparences, qu'elle commence tout juste à vivre, entendons d'une vie proprement et pleinement nationale. Elle a en somme dépassé les deux phases préliminaires, ce qu'on pourrait appeler les phases de gestation. Jusqu'à la grande Révolution, elle a surtout cherché à prendre forme. Ce fut alors l'accouchement violent, sanglant, au forceps. Au fond, elle date d'hier.

C'est pourquoi, bien que son passé explique ses contradictions, il ne permet sans doute que médiocrement de préjuger de son avenir. De ce passé il ne faudrait pas avoir le culte trop exclusif, ni trop croire, avec un Joseph de Maistre et un Auguste Comte, qu'un pays est plus fait de ses morts que de

1. B. Wendell, *La France d'aujourd'hui*, p. 335-6.
2. *Id., ibid.,* p. 336.

ses vivants. Cet élément conservateur et pondérateur, s'il est évidemment nécessaire à l'équilibre national, n'exprime pas l'essence de la nation. Et lorsqu'il s'agit de la France, du peuple qui est à l'avant-garde de tous les autres, une telle conception fausse radicalement sa physionomie. Son véritable effort, c'est, non de renouer la tradition, mais de la briser.

Michelet, il est vrai, frappé par l'unité de développement de notre histoire, en fait remonter aussi haut que possible l'origine et ne veut voir dans la Révolution même que l'aboutissant naturel et nécessaire de tous les événements qui l'ont précédée. Il juge que la tradition française est une tradition ininterrompue. Quinet, au contraire, maintient qu'elle s'est brisée et qu'en voulant à tout prix relier la tradition révolutionnaire à la tradition monarchique, on est dupe d'un fatalisme historique et d'un esprit de système qui fait violence aux faits. Ces deux thèses, comme toutes les thèses, sont probablement excessives, mais, excès pour excès, celui de Quinet, moins timide, plus brutal, paraît également plus vrai. « Nous avons traité, dit-il, l'histoire de France comme une histoire sacrée qui trouve son interprétation finale dans l'ère politique inaugurée avec le régime constitutionnel du dix-neuvième siècle. Ce dénouement non seulement explique, mais légitime tout le passé... Ce dernier point est si bien la raison de tout le reste que nous com

mençons par y sacrifier la raison et la moralité [1] ».
Il faut s'affranchir de ce « fatalisme implacable, [2] »
de ce « fatalisme inexorable [3] ». Sous couleur de le
rendre intelligible, il défigure le passé qu'il
montre tendu vers l'avenir et l'enveloppant en
germe, et il paralyse toute initiative puisqu'à son
tour cet avenir se contentera de développer, sans y
ajouter rien, le contenu de ce passé. Un tel état
d'esprit, une dévotion aussi aveugle à ce qui fut,
engendre « la plus singulière superstition [4] » ; en
voulant nous faire lire à tout prix ce qui est dans
ce qui n'est plus, il nous amène à mettre en doute
notre liberté et l'efficacité de notre effort.

Non, la France d'aujourd'hui n'existait pas telle
quelle dans la France d'hier, elle n'en est pas
sortie naturellement, comme l'épi du grain ou le
papillon de la chrysalide. Qu'elle s'y rattache,
c'est certain ; mais qu'elle s'en détache, c'est plus
certain encore, elle veut se faire une âme neuve et
un corps renouvelé, autrement sculpté par cette
âme révolutionnaire. Notre présent, le plus souvent, contredit notre passé ; notre ardent besoin de
liberté et de justice s'insurge contre l'oppression et
l'inégalité des régimes déchus. La France d'aujour-
d'hui ne serait pas ce qu'elle est si des volontés
fortes ne s'étaient pas dressées contre la France

1. Quinet, *Philosophie de l'histoire de France*, p. 244.
2. *Id., ibid.*, p. 245.
3. *Id., ibid.*, p. 245.
4. *Id., ibid.*, p. 260.

d'hier. Rappelons-nous la parole d'un maître :
« L'historien, a dit M. Lavisse, démontrera l'efficacité de l'action en prouvant qu'à certains jours, à
certaines heures, un homme ou un groupe
d'hommes a, par sa volonté, modifié l'histoire. »

Modifier l'histoire, bouleverser son histoire, ce
fut le rôle et c'est la gloire actuelle du peuple français. Elle a modifié et bouleversé l'histoire, la
réponse de Mirabeau au marquis de Dreux-Brézé
opposant la volonté du peuple à la force des baïon-
nettes. Elle a modifié et bouleversé l'histoire,
l'attitude de Bailly groupant au Jeu de Paume une
poignée de députés jurant de ne pas se séparer
avant d'avoir donné au pays une Constitution.
L'histoire n'est pas une suite d'événements réglés
et prédéterminés, elle n'est même pas un recom-
mencement. Elle est un éternel commencement
et une succession de commencements absolus. Ces
peuples-là n'ont pas d'histoire qui suivent un
chemin tout tracé, moutons passifs guidés par un
bon ou mauvais berger. La France a une histoire
parce que le Français a une volonté et que, le jour
venu de l'épreuve, quand la destinée est en sus-
pens, là où d'autres subissent, il agit.

Faire son histoire, c'est la tâche à laquelle le
peuple de France s'est employé de toute son énergie. Aussi a-t-il finalement triomphé. Soit par ses
ennemis, soit par ses chefs il a été souvent vaincu,
il n'a jamais été complètement réduit. La France

s'est faite et la France se fait. Si elle est désormais une personne et non plus une chose, c'est parce qu'elle a su créer sa propre personnalité.

De cette France actuelle, de cette synthèse vivante et agissante des contradictoires, nous essaierons de fixer quelques grands traits dans ces pages.

CHAPITRE II

LA PROVINCE

La France telle qu'elle est, c'est Paris, d'abord et quoi qu'on dise, et cela depuis longtemps et cela pour longtemps encore. Géographiquement, historiquement, c'est de lui qu'elle est sortie. Ce pays a ceci de particulier qu'il se présente comme une sorte d'expansion de sa capitale.

La France, c'est Paris, mais Paris comme centre, au sens le plus strict du mot : centre de rayonnement d'où partent toutes les impulsions qui mettent en branle les divers rouages de la vie nationale, centre d'attraction vers lequel convergent toutes les forces essentielles de la périphérie. Paris cœur de la France, vieille image toujours vraie : il reçoit de toutes parts, par des milliers de vaisseaux, le sang de la province, sang jeune et riche si parfois il est un peu lourd, et il le lui renvoie après l'avoir filtré, subtilisé, anémié parfois, épuré toujours.

Qu'est-ce donc que cette province, ou mieux, que ce pays de France ?

I

C'est d'abord un pays de diversité et de mesure. « La France est, avant tout, un pays de moyennes[1] », dit M. Novicow. « Elle n'a pas les montagnes les plus hautes du monde, ni les plaines les plus étendues, ni les fleuves les plus larges, ni les campagnes les plus fertiles[2]. » Elle ne s'impose pas brutalement à vous, elle vous enveloppe presque à votre insu. Ses paysages ont quelque chose de discret et de prenant. La nature, en France, est artiste.

Et elle l'est au sens le plus classique du terme, celui de l'unité dans la variété. Il est peu de pays plus hétérogènes, si l'on songe à la multitude infinie des aspects qu'il présente. Il en est peu de plus homogènes, on pourrait presque dire de plus uniformes, par l'impression d'harmonie qui s'en dégage.

Même physiquement, la France est un pays de convergence et comme un point de ralliement pour les terres voisines. Celles-ci se prolongent en elle, comme par un désir inconscient de s'y rejoindre et de s'y unifier. « C'est... une des grandeurs de la France que sur toutes ses frontières elle ait des provinces qui mêlent au génie national quelque chose du génie étranger[3] ». « A l'Allemagne

1. Novicow, *L'expansion de la nationalité française*, p. 70.
2. *Id.*, *ibid.*, p. 71.
3. Michelet, *Notre France*, p. 290.

elle oppose une France allemande ; à l'Espagne une France espagnole ; à l'Italie une France italienne [1] ». Quoi d'étonnant à ce que son esprit nous apparaisse contradictoire, alors que sa terre même recèle tant de contradictions, concentre en elle tant de personnalités opposées ?

Il est vrai qu'elle tend à les concilier, à les pacifier, à en faire la synthèse heureuse. Elle les appelle, toutes ces France étrangères, à se fondre dans la France française, d'abord dans cet âpre plateau central qui occupe le sixième de son territoire, puis dans les vallées aux eaux lentes et aux plaines ondulées de la Loire et de la Seine, et enfin, après ce jardin de la France, la Touraine, ce joyau de la France, serti dans un si riche écrin, l'Ile-de-France.

La magie évocatrice de Michelet a su, d'un mot, faire revivre chacune de ces provinces, depuis « la pauvre et rude Bretagne, l'élément résistant de la France [2] », jusqu'à la Provence, « ce pays de lumière [3], » en passant par « cette naïve et maligne Champagne [4] » et par « le fort et dur génie du Languedoc [5], » tout en réservant un coin de sa pensée et de son cœur pour l'Alsace, « petite France plus France que la France, qui sympathi-

1. *Id.*, *ibid.*, p. 290-1.
2. *Id.*, *ibid.*, p. 35.
3. *Id.*, *ibid.*, p. 141.
4. *Id.*, *ibid.*, p. 97.
5. *Id.*, *ibid.*, p. 233.

siez d'ailleurs avec l'Allemagne[1] » et qui, depuis les épreuves subies, s'est encore plus étroitement rapprochée de sa patrie d'élection.

Jamais mot ne fut plus juste pour toutes nos provinces. A de rares exceptions près, elles ont *élu* la France. Et leur nature les y invitait, les parties, tout en conservant leur variété, semblaient vouloir se fondre en un tout. Certes, il faut se défier de la théorie des frontières naturelles avec laquelle on légitime toutes les violences. Mais il n'y en a pas moins certaines affinités toutes physiques qui, sans les imposer, préparent, appellent les rapprochements moraux. Tel est le cas de ce pays. Des extrémités au centre, un même courant circule, jusqu'à ce qu'enfin « la Seine... ait facilité les mélanges et centralisé, harmonisé tout ce qui lui est venu des diverses parties de la France[2] ».

Mais l'effet de ce rapprochement, de cette affinité élective des provinces les unes pour les autres et de toutes pour la nation qui résulte de leur acccord, c'est d'avoir atténué, jusqu'à le supprimer presque, le particularisme d'autrefois. Apres ou douces et adoucies alors même qu'elles sont âpres, les diverses régions de la France ont beaucoup perdu de leur physionomie propre et de leur caractère local. Si physiquement elles diffèrent, moralement elles sont toutes à peu près les mêmes, ou

1. *Id., ibid.*, p. 202.
2. *Id., ibid.*, p. 28.

plutôt la même. Il fut un temps en France où l'on pouvait dire *les* provinces, aujourd'hui l'on dit *la* province.

Le régionalisme est mort, et bien mort. Les regrets, affectés ou sincères, ne le feront pas revivre. En ce sens, tous les Français sont un peu les « déracinés » que déplore M. Barrès. Mais qu'on ne s'en plaigne pas trop. Ils se sont greffés et même enracinés ailleurs. Où? A Paris quelquefois, et toujours en France.

Là où il y avait *les* provinces, il y a en effet *la* France. Et il ne pouvait guère en être autrement. La persistance des attaches locales eût retardé la fusion nationale. Une patrie est faite au moins autant d'oublis que de souvenirs : oubli des luttes entre Armagnacs et Bourguignons, oubli des haines entre bleus et blancs de Bretagne. C'est le souvenir qui perpétue les *vendettas*, car il s'attache au passé pour lui-même et non pour l'avenir qu'il prépare. On se plaint que la France soit trop aisément oublieuse; c'est se plaindre de ce qui l'a rendue possible. Retenir ce qui concilie, laisser tomber ce qui écarte, telle a été la condition de son unité.

Et ses dirigeants ne s'y sont pas trompés. Les Constituants savaient ce qu'ils faisaient quand ils disloquaient les anciennes provinces pour former de pièces et de morceaux les nouveaux départements. Rapiècetage et ravaudage en apparence incohérent, mais qui procédait d'un dessein arrêté et d'une sagesse politique profonde. L'Aisne — pour prendre un exemple entre tant d'autres — est une hérésie géographique, un être hybride fait d'un fragment de Picardie, d'un fragment de Champagne, d'un fragment d'Ile-de-France, sans compter le reste. C'est un monstre qui n'est pas viable. Mais c'est qu'en effet il ne faut pas qu'il vive, il ne faut pas que l'Aisne s'oppose à la Somme ou à l'Oise comme la Champagne s'opposait à la Picardie ou à l'Ile-de-France. Il faut que la province soit grise, qu'elle s'estompe, pâlisse, s'efface, pour que la France soit, sans plus.

Et la province est grise en effet, du moins en tant que province. Elle n'est pas un empire dans un empire ou à côté d'autres empires. La France n'est pas et n'a pas à être un amas de principautés minuscules se disputant la préséance. Elle est une personne morale consciente de son unité, chaque partie vit pour le tout. Autrefois, la province, isolée, se repliait sur elle-même. Aujourd'hui, incorporée au pays, elle doit à son contact avec toutes les autres une force réelle, efficace, qui compense largement ce qu'elle a dû abandonner de ses prétentions particularistes. L'union a succédé à la dispersion et « l'union gravite à l'unité[1] ».

Aussi tous les efforts pour faire revivre l'autonomie provinciale semblent-ils artificiels et voués

---

1. Michelet, *Histoire de la Révolution française*, t. II, p. 171.

à l'échec. L'originalité de la province venait de son étroitesse, elle ne la retrouverait qu'en se rapetissant. Sans doute, on pourra et devra créer des écoles adaptées aux besoins du pays, multiplier les chaires consacrées à des enseignements locaux. Mais il n'y a rien là de spécifiquement provincial. On satisfait ainsi à des intérêts régionaux ou à des curiosités archaïques; c'est un laboratoire de plus, une nouvelle usine intellectuelle qui accroît d'autant la richesse du pays. Mais on ne fait pas renaître le passé mort, on ne lui recrée pas une âme.

Passé bien mort en effet, âme à jamais disparue, puisque la province n'arrive même pas à retenir chez elle ses propres enfants. C'est le Parisien, chose étrange, qui est encore le moins « déraciné » des Français, le plus fortement attaché à sa terre natale. La province est la grande pépinière des fonctionnaires qui se disperseront aux quatre coins du pays, qui se résigneront même parfois à l'abandonner pour se rendre dans les colonies. Quand d'aventure le Français consent à s'expatrier, à aller en Extrême-Orient, au Mexique, dans l'Argentine, on peut être sûr que le point de départ de l'émigration se trouve au fin fond d'une de ses provinces les plus reculées : c'est le Béarnais, c'est l'habitant des Basses-Alpes qui émigre, c'est l'Auvergnat qui va chercher fortune au dehors, c'est le Corse ou le Savoyard qui roule sa bosse à travers le monde.

La province se désagrège, bien loin de s'agréger des éléments nouveaux.

En effet, elle n'attire pas, sauf parfois les étrangers : Italiens, Belges, Allemands, hélas! Espagnols même viennent y chercher pour un temps des conditions de travail plus faciles et de plus hauts salaires. Mais où voit-on jamais l'exode d'une partie de la France vers une autre — Paris excepté, cela va de soi? Le fonctionnaire, indifférent à sa résidence, y vit en camp volant, prêt à plier bagage pour se transporter d'un bout à l'autre du pays à la moindre chance d'avancement. M. Barrett Wendell ne peut cacher sa surprise en voyant avec quelle facilité, pour ne pas dire avec quelle joie, tel professeur de Faculté, fixé depuis de nombreuses années dans la ville où il enseigne avec succès et même avec éclat, s'en détache pour rentrer dans la capitale [1]. Tant est grande la fascination que Paris exerce sur les intelligences, tant est faible le pouvoir d'action ou de suggestion de tout ce qui n'est pas lui!

Renan a insisté sur cette impuissance foncière à faire renaître une vie provinciale autonome, une pensée provinciale distincte et il en a montré clairement le danger. « La haute production intellectuelle de chaque province ne doit avoir aucun cachet provincial. Le progrès, dans l'ordre scientifique, ne doit pas consister à diviser l'esprit

1. B. Wendell, *La France d'aujourd'hui*, p. 35 sqq.

humain par provinces [1] ». Et il ajoutait, non sans profondeur : « Il doit consister à supprimer la distinction de la capitale et des provinces, à faire de toute la France intellectuelle une seule armée travaillant d'un effort commun au profit de la science, de la raison et de la civilisation [2] ». Et, de fait, tel est bien le caractère qui frappait l'Américain, habitué à la vie universitaire moins homogène, plus différenciée des États-Unis et même de l'Angleterre ; il manifestait sa surprise devant « ces deux traits curieux des universités provinciales françaises, la merveilleuse qualité de l'enseignement et le manque absolu de tradition et de sentiment local [3] ». Expressions fidèles de l'homogénéité du pays, nos Facultés, où qu'elles soient, offrent le même caractère impersonnel. Lyon ou Nancy n'ont pas les oppositions tranchées qui frappent quand on leur compare Oxford, Cambridge, Yale et Columbia. Ni chez les étudiants, ni chez les maîtres, ni dans les matières enseignées ni dans les méthodes d'enseignement on ne trouve, sauf par exception, la trace d'un passé spécial propre à la région où à la cité en cause.

L'opposition véritable, en France, est, non d'une province à une autre province, mais de la province à Paris. Et celle-là, quoi qu'en dise Renan, semble

1. Renan, *Feuilles détachées*, p. 108.
2. *Id., ibid.*, p. 108.
3. B. Wendell, *La France d'aujourd'hui*, p. 41.

bien devoir subsister. Sa suppression, s'il fallait la prendre à la lettre, apparaîtrait illusoire. Est-elle possible? Et si elle l'était, serait-elle même souhaitable? Dans la France telle qu'elle est et telle qu'elle veut être, on voit mal une province renforcée ou un Paris affaibli. Le risque est grand de neutraliser le principe dirigeant et de désagréger les membres dirigés. La France n'est pas une Russie, une mosaïque. Il y a *les* Russies et il y a *la* France. D'un côté, un domaine et non une patrie, un amalgame constitué par la violence et dont les diverses parties aspirent à devenir indépendantes. De l'autre, une nation longuement et fortement construite par un lent travail d'assimilation et de compénétration. Là-bas, une capitale artificielle, une sorte de Versailles qui aurait réussi à imprimer sa direction au pays, le Saint-Pétersbourg allemand d'hier qui a tant de mal à devenir le Pétrograd russe de demain. Ici, la capitale la plus naturelle qu'on puisse imaginer, ce qu'il y a de plus français dans la France, ce qui l'a rendue proprement française. Elle doit, dans l'intérêt même de la nation, conserver sa place d'exception. La vie de la province en tant que telle ne doit pas dépasser les limites d'une vie esthétique. Elle ne saurait, sans danger pour l'intégrité du tout, avoir une existence trop active et trop indépendante.

Est-ce à dire que Paris soit tout et la province rien? En aucune façon, mais la question, mal posée, ne comporte pas de réponse directe. Ce qui importe, c'est la France et c'est ce que, dans cette discussion, on oublie parfois un peu trop. Or, la vraie vie française, c'est la vie individuelle, et il n'y a que deux foyers pour l'individualisme : la commune et la patrie. Entre les deux, la province est inutile, pour ne pas dire plus. Il importe qu'il y ait — et elle tend à se développer chaque jour davantage — une vie communale très forte. Il faut que la commune, trop longtemps maintenue en tutelle, devienne un organisme souple et libre, qu'elle retrouve ses « franchises » du bon vieux temps. Mais, entre elle et l'État français, on voit mal les intermédiaires et le souvenir du passé n'est pas de nature à les faire désirer. La province a eu son heure, elle marque une étape dépassée. Reconstituée, elle serait un être hybride, une sorte de demi-nation. Elle contredirait, si jamais elle se reformait, toute la tradition révolutionnaire, toute la tradition — si l'on ose dire — anti-traditionnaliste de la France. L'affranchissement communal s'est fait contre la province. La vie nationale s'est faite contre la province. Refaire la province, ce serait les défaire, ou tout au moins les menacer. Prenons garde.

II

Mais si les provinces ne sont plus, sauf dans la mémoire des hommes, ce qu'on appelle la province est autre chose pourtant qu'un simple terme générique. Il y a un esprit provincial, et c'est, souvent, le véritable esprit national.

L'esprit provincial, c'est avant tout l'esprit familial, l'esprit du foyer. Et, en ce sens, plus d'un Parisien est de sa province. C'est le sentiment d'un attachement très étroit à un point très localisé. On n'est pas d'une région, pas même d'une ville, on est d'un coin. L'esprit provincial, c'est le Milly de Lamartine, c'est la Voulzie de Brizeux, c'est l'amour du sol natal et de la petite patrie.

Il se distingue par un accent d'intimité et de familiarité.

> Pourquoi le prononcer, ce nom de la patrie?
> Dans son brillant exil, mon cœur en a frémi.
> Il résonne de loin dans mon âme attendrie,
> Comme la voix connue ou les pas d'un ami.

C'est cette résonance sentimentale qui en fait le charme et la profondeur. Et par là le provincial est un privilégié, le Parisien un déshérité. Tous deux peuvent avoir et ont généralement un *foyer*. Le premier seul a la *maison*.

La maison, c'est-à-dire le coin unique. Elle se blottit au fond d'une vallée ou se devine à mi-pente du coteau ; elle est suspendue sur le roc aride ou perdue dans un îlot écarté. La maison, c'est un peu du passé se prolongeant dans le présent. Mais c'est d'un passé tout spécial qu'il s'agit, d'un passé

tout prochain, limité dans le temps et fixé dans
l'espace. Ce n'est pas, cela va de soi, un passé
de gloires nationales ; ce n'est pas même, ou si
peu! un passé de gloires familiales. Ce n'est pas
une lignée d'ancêtres, une galerie de portraits
historiques. Non, ce sont quelques figures con-
nues et chéries, quelques photographies fanées
sur lesquelles on met un nom toujours, et parfois
une larme. C'est surtout l'entourage, le décor familier vu à travers toutes les heures du jour,
à tous les moments de l'année ; c'est la vieille
ferme-manoir d'un Lamartine, avec

> Ses souvenirs des berceaux et des tomb s.

C'est l'antique demeure de Loti dans l'île de
Noirmoutier, où dans leurs vieilles robes noires
flottent encore les chères images d'une vieille
maman et d'une tante Claire.

La maison, c'est surtout une évocation d'enfance, un lien à la fois matériel et sentimental avec
le sol. C'est l'oasis où l'on va, de temps à autre —
presque toujours bien rarement — se recueillir
pendant quelques semaines ou quelques mois, où
l'on rêve d'aller finir ses jours, où on ne les finit
presque jamais.

Cette petite patrie ne contrarie ni ne contredit la
grande, elle la renforce. Quoi qu'en dise Danton,
on l'emporte, celle-là, à la semelle de ses souliers,
on a toujours pour elle une retraite au plus pro-

fond de son jardin secret et, parfois, un moment de détente dans sa vie pour y attacher sa pensée.

Mais il faudrait se garder de croire qu'on éprouve le désir intense, d'y vivre. Cela se voit, ce n'est peut-être même pas une exception, dans ce pays où l'instinct sentimental est souvent très développé, mais ce n'est certainement pas la règle. Pour ceux qui y séjournent, qui ne l'ont pas quittée, elle est surtout une habitude. Pour les autres, parfois une nostalgie. Mais il ne faut pas se méprendre sur la nature de l'attrait qu'elle exerce. Beaucoup, sur le tard, y retourneront sans doute ; mais beaucoup aussi la délaisseront, sans pour cela l'oublier. Et, même parmi les premiers, combien qui n'y reviendront pas pour elle, pour la retrouver, mais, s'il se sont enrichis, pour l'éblouir, pour être le grand homme de la petite ville ou le César de son village! Bien souvent, le plus souvent même, si on lui fait une place, ce n'est pas la première. Le Français, plus qu'on ne l'imagine, saura se faire son existence un peu partout, du moins en France. La France est le pays des fonctionnaires, et le fonctionnaire connaît peu la petite patrie.

Tel est ce premier trait de l'esprit provincial, et c'est sans doute le plus profond. Mais il est étroit, et son étroitesse en engendre d'autres.

La province, c'est la vie limitée et l'horizon un peu borné. Pour qui s'y confine, elle ne sera donc pas sans danger. Prise en elle-même et considérée comme son unique objet, elle n'offre que de maigres ressources et qu'un champ d'action limité. Aussi risquera-t-elle, dans sa monotonie indolente, d'anémier les volontés en engourdissant les intelligences. La vie locale, nous l'avons vu, s'y est éteinte ou du moins assoupie ; elle ne consiste plus guère qu'en habitudes passives, mécaniques, survivances de l'ancien idéal. Et d'idéal nouveau, elle n'en a pas, elle ne peut plus en avoir. La province, avouons-le, ne vit plus de sa propre substance. Peut-être, pour l'âme méditative, son silence est-il plus favorable que la vie surchauffée de la capitale ; encore faudrait-il avoir prouvé qu'on produit mieux dans le repos que dans la fièvre et que la pure tranquillité d'esprit permet mieux l'éclosion de la pensée féconde qu'une atmosphère de trépidation et que le stimulant du mouvement qui vous emporte. Mais, si à la rigueur elle peut être un cadre, un milieu, elle n'est plus par elle-même une source de création, elle n'a plus de personnalité.

Aussi, qu'arrive-t-il? Elle force son talent, partant ne fait rien avec grâce. Ou elle singe la capitale, est à l'instar de Paris, et elle apparaît maladroite et gauche. Ou elle se retourne vers son passé, cherche à galvaniser une momie, et elle est démodée, désuète, rococo. Il est difficile, avouons-le, d'être provincial par le temps qui court.

Mais aussi bien n'est-il plus besoin de l'être et, en fait, on ne l'est plus, ou on l'est de moins en moins. On est Français, tout simplement. Ou encore, on est « de son village ». On a la saveur du terroir et le goût du cru. Mais on n'est plus « de sa province ». On n'est plus, comme autrefois, Picard ou Limousin. Les gandins que le vaudeville continue à ridiculiser par un vieux restant d'habitude, le cousin de Carpentras ou la vieille tante de Brive-la-Gaillarde ne sont plus que des thèmes usés et l'on ne trouverait guère leur équivalent dans la réalité.

A ce point de vue, la France est infiniment moins caractérisée que la plupart des pays qui l'entourent, l'Italie, l'Angleterre, l'Allemagne, la Suisse même. La centralisation a fait son œuvre de rapprochement et par conséquent de neutralisation. Il n'y a même pas, en dehors de Paris, de villes, quelle que soit l'importance de leur population, qui soient beaucoup plus qu'un centre commercial, un marché. Notre réseau de chemins de fer dessine matériellement sur la carte ce mouvement de descente vers la capitale. Il peut y avoir des points d'arrêt, des haltes. Elle seule demeure le terminus.

Aussi, ce ne seront guère que des petitesses de mœurs et de caractère qui indiqueront un restant de vie provinciale. Il y a plus de coteries et de castes, les cercles sont plus fermés, les distances sociales mieux gardées qu'à Paris. L'officier, le fonctionnaire y jouissent d'un certain prestige. Les potins y courent plus vite et y sont plus dangereux, plus venimeux aussi. Les taupinières y prennent figure de montagnes. Il n'y a pas assez d'air pour toutes les poitrines dans ces milieux par trop fermés.

D'ailleurs, il ne faut rien exagérer. Ces différences mêmes s'atténuent, puisqu'aussi bien la province s'efface et que la France s'affirme. Et c'est un bien, somme toute, de voir la vie provinciale disparaître en s'élargissant. L'unification nationale respecte les caractères vraiment individuels, elle les accuse même puisqu'elle développe la personnalité de chacun. Mais la province n'est plus une individualité et ce qui est frappé à mort, ce sont les divergences factices de petites principautés attardées. On se plaint en France, et non sans raison, de la politique de clocher. Que serait-ce si la personnalité provinciale redevenait jamais ce qu'elle fut jadis! La province est un peu une chose morte. *De Profundis*! Et que la terre lui soit légère!

Et que la France soit!

CHAPITRE III

PARIS

Si l'on constate en général cette sorte de neutralisation des diverses parties de la France les unes par les autres et si ce qui se substitue à elles, c'est la France elle-même, sa capitale fait exception. Jamais Paris n'est apparu plus grand que depuis la suppression des provinces. Matériellement, il a augmenté dans des proportions démesurées et, avec sa banlieue immédiate, sa population s'élève à plus de quatre millions d'habitants, sensiblement plus du dixième du pays tout entier. Mais d'autres métropoles, Londres, Berlin, New-York rivalisent avec lui sur ce point. Par contre, son influence morale dépasse aujourd'hui ce qu'elle fut jamais. Le monde entier s'y donne rendez-vous. Le *Nach Paris* des Allemands est un symbole. Paris n'est pas la capitale d'une nation, c'est le chef-lieu de l'univers.

I

Paris, c'est la séduction. Il séduit par ses défauts autant et plus que par ses qualités. Il est un qu'en tout cas il n'a pas et peut-être même pas assez, c'est celui de les cacher. Paris n'est pas hypocrite, cynique encore bien moins, mais insouciant. Il laisse voir ses tares alors que les autres les masquent. Paris se déshabille, tandis que Londres ou Berlin, plus habiles mais non pas plus pudiques, se drapent dans leur manteau. Ailleurs, le vice n'est pas moins profond, il n'est que moins apparent.

Réglons tout de suite la question. Des « Babylones modernes », il y en a très exactement autant que grandes agglomérations. Partout où l'on trouve des individus oisifs, fussent-ils dénués de ressources, il y a place pour les pires débauches, à plus forte raison, là où la fortune s'ajoute au *far niente*. Mais dans les deux cas on verra se développer des foyers d'infection. Infection plus sordide ici, dans les bouges à matelots d'un grand port de mer. Infection plus raffinée ailleurs, mais la même au fond, sous des apparences de luxe et de bon goût.

Qu'on ne parle donc pas du vice parisien. Le vice est à Paris ce qu'il est partout ailleurs, avec quelque chose en plus qu'ailleurs on ne trouve pas et qu'il doit au milieu dans lequel il fleurit : un rien de fraîcheur apparente, une ombre de poésie, en un mot l'illusion. Le vice parisien, dans son essence légère, c'est celui d'un Musset. Musset, gamin vicieux s'il en fut jamais, courant de fleurs en fleurs et de femmes en femmes. Musset, « jeune homme au cœur de cire », Werther anémié qui se dégrade en un Rolla, mais enfant gâté des Muses. La « fête » même, la fête inepte, sordide, abjecte dans laquelle trop souvent il se vautre, il faut qu'il la décore d'un semblant de tendresse; il est sincère lorsqu'il murmure des mots d'amour à la fille qu'il a payée pour la nuit, et celle-ci, un instant émue et troublée, les écoute en y croyant presque, quitte à les oublier ou à en rire la minute d'après.

Et n'oublions pas que Paris a, hier, connu la grisette, connaît la midinette aujourd'hui. Grisette, midinette, oh ! ce ne sont point là des dragons de vertu et les Mimi Pinson n'abondent pas parmi elles. Mais, volages, légères, elles ont leur petite fleur bleue; elles ont des sincérités changeantes, sans doute, mais il faut qu'elles s'attachent, fût-ce pour se détacher bien vite. S'il leur faut des rubans, et parfois des bijoux, il leur faut plus encore une affection, même passagère, fugitive. Et on les prend avec une fleur aussi souvent et mieux qu'avec un collier de perles.

De là cette attirance de l'étranger vers la Parisienne, comme il l'appelle bien à tort — car la vraie Parisienne est une fleur de perfection — vers la demi-Parisienne plutôt, celle qui par intérêt, par désir de luxe, se donne au plus offrant. Même ainsi dégradée, elle conserve une vivacité d'allures, un charme, un chic qu'on chercherait vainement sur les bords de la Tamise ou sur les rives de la Sprée.

Mais c'est trop s'attarder sur ce point. Paris n'est pas plus sur ses boulevards que Londres n'est dans ses music-halls. Paris est dans son air, son atmosphère, son ambiance.

Sa situation même est incomparable. « Paris a pour armes un vaisseau. Primitivement, il est lui-même un vaisseau, une île qui nage entre la Seine et la Marne, déjà réunies, mais non confondues[1] ». De là « cette belle harmonie d'une cité flottante entre deux villes diverses, qui l'enserrent gracieusement... Rome, Londres n'ont rien de tel, elles sont jetées d'un seul côté du fleuve[2] ». Et il est encadré dans un décor de coteaux et de verdures, dans un de ces paysages atténués de l'Île-de-France où tout est harmonie, discrétion, mesure.

Et lui-même n'est-il pas tout cela au suprême degré ? Il a peut-être un peu changé. La civilisation scientifique est bruyante et envahissante. Elle a déversé sur lui ses autobus et ses autos-taxis. Dans ses rues spacieuses, sur ses larges places, le long de ses avenues triomphales, le grondement

1. Michelet, *Histoire de France*, t. IV, p. 262.
2. *Id.*, *ibid.*, p. 262.

des moteurs et le bruit des sirènes détonne. On comprend que l'Anatole France des vieux quais de la Seine n'ait pu supporter ces bruits criards mélangés aux odeurs du pétrole et de l'huile et que M. Bergeret se soit pour un temps réfugié à Versailles, la ville paisible et la Belle au Bois dormant.

De même, les lourdes constructions, les immeubles à sept et huit étages nous ont gâté notre Paris. L'hôtel Astoria, style « boche », dépare l'admirable perspective des Champs-Élysées. La Tour Eiffel n'est pas à sa place en face de l'École Militaire, non plus que le pont Alexandre III devant l'Hôtel des Invalides. On en peut dire autant de ces *blocks*, empruntés au style américain (qui par bonheur nous épargne ses *sky-crappers*), ces édifices contournés, surchargés, tarabiscotés, tout en bosses, en tourelles, en rotondes, en flèches; ils nuisent à la ligne sobre et discrète de notre art si français.

Mais avec tout cela, mais malgré tout cela, Paris reste incomparable. On dit communément de lui qu'il est un bijou; éloge flatteur, mais qui a le tort de le diminuer. Paris est le type de la grande ville, sans être une ville très grande. Et par là, il contraste étrangement avec Londres. Londres est un monde, et ce n'est pas une grande ville. Londres est immense, et il reste petit. Avec ses rues multiples et étroites, ses maisons basses, ses cottages faits par séries, l'on dirait presque à la machine, tant ils semblent tous sortir d'un même moule, avec tout cet amas, tout ce fouillis de choses menues, étriquées, Londres est très exactement la ville qui n'en finit pas. C'est une fourmilière d'une activité débordante, un entrepôt, un marché, un immense capharnaüm. Mais il n'a pas des allures de capitale. Risquerai-je une hérésie ? Même à le prendre en soi et en dehors de toute comparaison, Londres est très exactement la petite ville, avec de petites rues, de petites places, de petits monuments. Tandis que Paris !

Paris a par-dessus tout un aspect aristocratique et plus encore mondain. Paris est né, si l'on peut dire, là où Londres donne un peu trop l'impression d'un parvenu. Il s'étale dans de larges avenues toujours bordées d'arbres et parfois comme enfoncées dans des futaies. Il s'ouvre sur de vastes places, immenses et harmonieuses comme l'Étoile ou la Concorde, mesurées et plus intimes comme la place des Vosges ou la place Vendôme. Le Paris matériel a déjà comme une âme. Des maisons tout en pierres de taille. Des monuments, ni trop nombreux ni trop rares, ni trop élevés ni trop réduits. Une cathédrale qui, tout en restant inachevée, donne l'impression d'être faite et parfaite, des palais échelonnés tout le long de la Seine. Passons sur telles œuvres modernes où l'art laïque de la tour Eiffel — déjà nommée — ne le cède pas en hideur à l'art néo-chrétien du Sacré-Cœur. Paris forme un ensemble, Paris est un tout, Paris est une personne.

Et il est traversé par cette rue vivante, la Seine. Ici encore, quel contraste entre cette Seine rapide et verte, toute sillonnée de bateaux, et la Tamise aux eaux lentes et jaunes ! Cette Tamise qui, en aval du pont de Londres, n'est qu'un arsenal ou un chantier, en amont, n'est qu'une morte, avec à peine, de loin en loin, une embarcation dans ce désert. Et quelle différence, plus accusée encore, dans le spectacle de leurs rives! Ici, la suite des vieux monuments sévères et fanés, le Louvre, l'Institut, le Palais de Justice, la Sainte-Chapelle. Là-bas, — si l'on en excepte, sur la rive gauche, cette unique merveille de Londres, les *Houses of Parliament* et la lugubre Tour de Londres — ce sont des quais rares, tristes, on dirait presque artificiels et, sur la rive droite, le fouillis des usines, des appentis, des hangars, des tuyaux de brique ou de fonte. Ici, tout un passé d'histoire inscrit dans ces pierres noircies par le temps. Là-bas, la trépidation du présent qui se lit dans les torrents de fumée vomis de toutes parts.

A Paris, rien qui choque, rien qui blesse la vue, sinon des détails perdus dans l'ensemble et, pour la plupart, importés du dehors. Le grand tort de Paris, c'est d'avoir, au moins depuis quelques années, trop vécu d'emprunts, de s'être trop britannisé, américanisé, germanisé même. Mais n'importe. Il n'a pas perdu son originalité, s'il l'a peut-être un peu trop atténuée.

Paris est délicat. Il offre à l'œil des spectacles adroitement et élégamment ménagés. Dans les moindres détails, on retrouve chez lui le souci de plaire. Les devantures y témoignent d'un goût parfait. Les grands magasins sont un fouillis artiste, un chiffonnage amusant et amusé. Paris est chatte, Paris est femme. Paris est le pays de toutes les friandises, des fanfreluches qu'on lorgne du coin de l'œil comme des gâteaux qu'on mordille du bout des dents. Ce sont mille riens, mille insignifiances, mais qui s'harmonisent pour concourir à l'effet total, celui d'un véritable envoûtement.

Nous insistons sur cette influence physique, sensuelle, car le propre de Paris, comme celui de la femme, c'est de nous prendre d'abord par les sens pour ensuite nous prendre le cœur, et par le cœur l'esprit. A Paris — et d'ailleurs un peu partout en France — l'esprit est dupe du cœur et le cœur est dupe des sens. Paris endort nos résistances, il s'infiltre en nous par tous nos pores, il nous met comme en état d'hypnose. Et par là il nous rend apte à accueillir et à conserver, dans cet air subtil dont il nous imprègne, d'autres influences plus subtiles et plus insinuantes.

II

C'est qu'en Paris se recueille et se concentre toute la vie de la France. Elle vient de lui, elle va à lui. Paris est comme la France en raccourci. Heine l'avait déjà compris. « L'amour pour Paris, dit-il, est pour beaucoup dans le patriotisme des Français... Paris est à proprement dire toute la France. Celle-ci n'est que la grande banlieue de Paris [1]. » Et, pour mieux faire sentir cette emprise de la capitale sur le reste du pays, il usait d'une comparaison heureuse : « La France ressemble à un jardin dont on a cueilli les plus belles fleurs pour les réunir en un bouquet, et ce bouquet s'appelle Paris [2]. » On ne saurait mieux dire, ni plus finement comprendre. Entre toutes les nations, la France est la plus individualisée et, si l'on ose dire, la plus sélectionnée ; c'est la nation artiste entre toutes, celle où la personnalité s'accuse le plus, où chacun, en vérité, fait de sa vie une œuvre d'art. Et, dans ce pays de choix, un nouveau triage s'opère, un filtrage des plus parfaites, sinon des plus riches, parmi ces individualités d'exception. Ce sont celles-là que Paris attire, capte et garde. Paris est proprement une sélection de sélections.

De là son attrait. Il y a vraiment en lui une sorte

1. Heine, *La France*, p. 68.
2. *Id., ibid.,* p. 69.

de musée vivant, un « Panthéon des vivants[1] », nous dit encore Heine. Le propre des grands hommes, soit dit sans ironie, c'est d'être morts, ou, si par hasard ils se survivent, de rester cloîtrés dans leur solitude ; si l'on ne va pas pleurer sur leur tombe, au mieux sont-ils l'objet d'un pieux pélerinage, tel Goethe à Weimar ou Victor Hugo à Jersey. A Paris, au contraire, ils sont là, mêlés à la foule et pourtant y formant un cénacle : on se les montre aux grandes premières dans les théâtres, on les coudoie sur les boulevards, on s'assied au café à une table voisine de la leur. Gloires éphémères sans doute, feux de paille qui brillent aujourd'hui et ne seront demain que cendres. Mais ils ont la « vogue », ce mot si purement français, pour ne pas dire si exclusivement parisien. Et autour de ces feux follets papillonne le reste de l'Europe et du monde. « Paris n'est pas la capitale de la France seule, mais bien de tout le monde civilisé ; c'est le rendez-vous de ses notabilités intellectuelles[2]. » C'est Athènes, si l'on veut, mais une Athènes élargie, internationale.

Internationale, parce qu'elle est universelle. L'universalité, trait fondamental du génie français, se révèle d'abord dans sa capitale. « Paris est un centre qui contient tout[3]. » Tous les plaisirs, tous

1. *Id., ibid.*, p. 69.
2. *Id., ibid.*, p. 69.
3. Novicow, *L'expansion de la nationalité française*, p. 85.

les charmes, mais aussi toutes les pensées fortes et sérieuses. Il est, il n'a pas cessé d'être la tête et le cœur du monde. On y trouve « et les études les plus sévères dans les branches des connaissances humaines les plus diverses, et le mouvement artistique le plus intense, et la vie mondaine la plus raffinée, et les théâtres les plus parfaits, et la cuisine la plus exquise. Bref, à Paris il y en a pour tous les goûts. Paris est, de nos jours, la plus belle ville, le plus grand centre de plaisirs matériels et intellectuels qui existe au monde[1] ». Pour donner la note exacte, mieux vaudrait dire : « de plaisirs matériels intellectualisés. » Car tel est le charme de la France et de l'Ile-de-France et de l'îlot parisien : ils spiritualisent la matière, ils répondent à tous les besoins, aux plus purs et même aux plus grossiers, mais en mêlant à ces derniers ce je ne sais quoi qu'on ne trouve nulle part ailleurs, qui allège, qui affine, qui transforme le travail en jeu et pare la nécessité rude des couleurs irisées du rêve.

C'est encore un étranger, et l'un des plus avertis, M. Baldwin, qui s'extasie devant ce goût français, qu'on appellerait plus justement le goût parisien[2]. Quoi de plus exquis en ce sens qu'un dîner dans un restaurant à la mode ! C'est une banalité de dire qu'à Paris seulement on sait man-

1. *Id., ibid.*, p. 85.
2. *Les États-Unis et la France.* Conférence de M. Baldwin. (F. Alcan.)

ger, mais il est plus délicat d'indiquer en quoi consiste cette science. Elle est faite de mille éléments de tout ordre, parmi lesquels l'élément intellectuel n'est pas le dernier. Le fumet des plats, le bouquet des vins ne seraient rien sans l'ambiance. C'est le décor et ce sont les acteurs. Le décor : un luxe à la fois somptueux et discret, l'intimité dans un ensemble. La table dans son coin, ni trop près ni trop loin d'autres tables dont aucune n'a tout à fait la même physionomie. On dirait qu'elle a été apprêtée pour vous, qu'elle témoigne d'une intention. Vous êtes entouré, vous n'êtes pas confondu : une fleur, une corbeille, une lampe électrique artistement placée, un dispositif quelconque la sauvera de la banalité. Puis, ce sont les acteurs, ces garçons discrets, attentifs à vos désirs, qui savent les prévenir et les deviner. Et, presque toujours, les convives et surtout les femmes ; à quelque monde qu'elles appartiennent, fût-ce au plus équivoque, elles ont, elles aussi, cette faculté d'adaptation, de socialisation, pourrait-on dire, qui les met à l'unisson de tous. La bonne chère, succulente et recherchée, n'est qu'un élément, indispensable mais notoirement insuffisant, de l'impression heureuse. Pas une fausse note, pas un pli de rose. Tout se complète, se fond, s'harmonise.

Paris est la ville du plaisir, a-t-on dit. Il est bien plutôt la ville du bonheur. Le plaisir est grossier, brutal, et chacun le prend où il le trouve, le plus souvent dans le ruisseau. Le bonheur ne se rencontre que dans des circonstances d'exception et à des heures exceptionnelles. C'est pour lui qu'on a imaginé le Paradis, et n'a-t-on pas dit mille fois que Paris représentait le Paradis terrestre, un Paradis dont les Adam plus avertis et les Eve plus fines auraient bien su ne pas se faire chasser ? Paris est la ville heureuse. Et par là encore, il évoque Athènes. Mais tandis qu'Athènes, c'était le bonheur simple et naturel, Paris, c'est le bonheur raffiné, pour ne pas dire un peu faussé et truqué. S'il est la ville des Paradis, c'est surtout celle des Paradis artificiels.

III

Mais tout ceci n'est que l'écorce. C'est Paris sans les Parisiens, Paris tel qu'il apparaît aux yeux du provincial et de l'étranger, et le vrai Paris n'est pas là.

Le Paris véritable, c'est d'abord le Paris du foyer et de l'intimité. Un Parisien du Midi — ce sont peut-être les meilleurs, car y a-t-il vraiment des Parisiens de Paris ? — un Latin de sang et de race, Alphonse Daudet, a su en donner l'impression. Dans le *Nabab*, un des personnages du livre, jeune étudiant frais émoulu de sa province, s'est fourvoyé tout d'abord dans ce Paris bruyant et brillant, le Paris des salons, des premières, du concours hippique, le Paris qui séduit, qui éblouit mais qui lasse. Et voici qu'un hasard heureux entr'ouvre devant lui une porte sur un coin du Paris ignoré; oh! moins que rien, quatre jeunes filles ou fillettes assises au coin de la table familiale, sous l'abat-jour de la bonne vieille lampe, avec le père calé dans son bon vieux fauteuil. Et le spectateur est ébloui devant « l'adorable tableau [1] » qui lui révèle « tout un Paris nouveau, courageux, familial, bien différent de celui qu'il connaissait déjà, un Paris dont les feuilletonnistes ni les reporters ne parlent jamais et qui lui rappelait sa province, avec un raffinement en plus, ce que la mêlée, le tumulte environnant prêtent de charme au tranquille refuge épargné [2]. »

Et c'est bien cela en effet. La contrepartie du Paris de luxe et de fièvre, c'est ce Paris secret et discret, où plus qu'ailleurs on sent le charme d'un abri, la douceur d'un asile. Et il retient, malgré tout, un reflet de l'ambiance. Il est éclairé de la même lumière, mais adoucie, tamisée; il est l'écho des mêmes voix, mais assourdies, étouffées. Il n'est pas étriqué, prosaïque, comme trop souvent en province. Le « foyer », à Paris, a sa poésie.

Et c'est de lui que sort le Paris qui travaille et qui vibre. Car il travaille, immensément, en se

1. A. Daudet, *Le Nabab*, p. 104.
2. *Id.*, *ibid.*, p. 105.

donnant la coquetterie de ne pas trop en avoir l'air. Et, moins que personne, la femme ne s'y montre oisive, mais la Parisienne est comme l'abeille pour qui le travail est joie. Elle travaille, cette petite ouvrière qui, dans la rue, vous paraît tout juste coquette, effrontée et vaine. Elle travaille, cette femme du monde qui tantôt vous agace par son verbiage insignifiant, et tantôt vous ravit par la finesse de ses aperçus. Vous n'avez pas vu la première à l'atelier, chiffonnant le pli d'une jupe ou le ruban d'un chapeau. Vous ne soupçonnez pas dans la seconde, si pimpante à l'heure du five o'clock, la maîtresse de maison incomparable qui, levée souvent la première, a surveillé ce matin son ménage et contrôlé le travail de ses enfants. Vous ignorez ce qui se cache de labeur assidu, de courage tranquille, souvent de dévouement inlassable et de don complet de soi derrière cette façade de luxe. Et, souvent aussi, ce qui se cache de larmes derrière ce sourire.

Car Paris a ses misères, et qui sont terribles, et qui plus qu'ailleurs restent décentes et ignorées. Misères souvent acceptées avec vaillance autant que masquées avec soin. Balzac, ce grand peintre de la comédie, ou plutôt de la tragi-comédie humaine, nous en a décrit plus d'une. De la midinette qui déjeune avec deux sous de pain et des frites jusqu'à l'artiste qui, dans sa mansarde, se demande s'il mangera le soir vous pourriez, sans vous en douter, parcourir toutes les gammes de la détresse humaine. La guerre a créé des situations atroces et qu'on soupçonne peu. Pour y faire face, il a fallu un effort tenace et douloureux. Mais nulle part le malheur n'est supporté avec plus de dignité, pour ne pas dire avec plus d'allégresse. Il y a, chez l'individu, cette qualité native du peuple, une énergie que les revers n'abattent pas, une volonté ou tout au moins un instinct de ne jamais désespérer.

Paris a connu les pires épreuves, il a été le foyer des plus terribles convulsions révolutionnaires. Et, dans les unes comme dans les autres, il a montré ce qui paraît bien être l'essentiel de son caractère, il a été à la fois impulsif et résistant. Impulsif, il a donné le branle à tous les mouvements profonds et généralement la province, passive ou entraînée, a suivi. Révolutions et coups d'État n'ont pu réussir que lorsqu'ils sont partis de lui. Dans le dernier siècle, seule la Commune de 1871 a été désavouée par le reste du pays, mais ce fut peut-être moins pour des raisons intérieures, politiques ou sociales, que pour des motifs d'ordre militaire et diplomatique. Paris voulait la guerre; la province, plus lasse, aspirait à la paix.

Paris est tenace, en effet, au moins autant qu'il est ardent. Si on l'eût écouté, en 71, on aurait prolongé la résistance et peut-être, qui sait? assuré la victoire au lieu d'accepter la défaite. Ce ne fut pas

Paris qui céda, mais Trochu, flagellé par les strophes immortelles de Victor Hugo. Et la réponse de Paris à la capitulation, ce fut la Commune, c'est-à-dire avant tout un soulèvement national, une révolte du patriotisme.

Cette même énergie du vouloir, Paris l'a manifestée à nouveau la veille de la bataille de la Marne comme au lendemain de l'offensive allemande qui, à Noyon ou au Chemin des Dames, menaçait de forcer les portes de la capitale. Paris a *tenu*. S'il avait été saisi de panique, s'il s'était abandonné devant la menace de l'invasion, un vent de défaite eût soufflé sur toute l'armée. Mais au contraire il s'est raidi, et par là il a eu sa part dans la victoire. Ceux de l'arrière, par leur confiance, ont soutenu ceux de l'avant. Si Paris n'avait pas gardé son moral, le soldat aurait-il gardé ses tranchées? S'il n'avait pas eu foi en lui-même, les fils de France qui devaient le défendre auraient-ils culbuté et refoulé l'ennemi jusqu'à l'Aisne d'abord, et plus tard jusqu'à la frontière? Ces jours-là, comme bien des fois auparavant, Paris a senti qu'il incarnait en lui toute la France et toute l'humanité et qu'en se défendant, c'était le monde qu'il sauvait. Il était prêt, s'il l'eût fallu, à lutter pied à pied, rue par rue, maison par maison, pierre par pierre. Et c'est pour cela précisément qu'il ne l'a pas fallu. Là où peut-être certains ont hésité, fléchi presque, le peuple de France s'est redressé dans un suprême effort, poussé par la vieille Lutèce qui lui insufflait son âme.

Paris est grand, « Paris est la raison d'être de la France [1] ». Et la France ne s'y est jamais trompée. Un peu jalouse de son éclat qui semblait l'éclipser, la laisser dans l'ombre, elle l'a parfois boudé, parfois redouté, mais finalement elle est toujours revenue à lui, parce qu'elle s'est toujours retrouvée en lui. Le génie parisien est le génie français, le génie parisien est le génie universel. Voyez les écrivains nés à Paris, caustiques, gavroches, débraillés souvent, mais alliant à la finesse la plus pénétrante le plus robuste bon sens. « Ils appartiennent surtout à l'esprit universel de la France qui rayonne en eux [2] ». « En Villon, en Boileau, en Molière et en Regnard, en Voltaire, on sent ce qu'il y a de plus général dans le génie français [3]. » Précisément parce qu'il est « le centre du centre [4] », Paris a su retenir et synthétiser, de tous les éléments étrangers, ce qu'ils contenaient de spécifiquement et d'essentiellement national. Il sait, pour les concilier, résumer en lui et fondre toutes les contradictions des diverses provinces. Et son originalité est faite de toutes leurs originalités parcellaires, locales. Il est humain, lui qui

1. Renan, *Réforme intérieure et morale*, p. 296.
2. Michelet, *Notre France*, p. 286.
3. *Id., ibid.*, p. 286.
4. *Id., ibid.*, p. 286.

s'empare de toutes ces humanités multiples et incomplètes. Il est fait de contrastes, et il est un. Tout s'y retrouve, s'y refait ou s'y parfait. Et il donne du ton à tout le reste. « Il est un certain genre d'excitation générale et, si j'ose le dire, d'initiation dont Paris aura longtemps encore le secret. Le sceau de la grande culture ne saurait guère se prendre qu'à Paris[1]. » En lui et par lui chaque province vit d'une vie plus active, plus personnelle même; sa conscience, qui chez elle est assoupie — et nous avons vu qu'il ne faut pas s'en plaindre — ici s'éveille au contact de toutes les autres et s'harmonise avec elles.

C'est en ce sens que le Parisien est le vrai Français. Certes, il ne l'est pas plus que les autres et il ne s'agit pas, très injustement pour eux, de lui décerner un brevet de patriotisme. Mais il l'est mieux, plus finement, avec moins de simplisme. Et l'étranger ne s'y trompe guère. Quand il dit Français, il pense Parisien ou, ce qui est à la fois plus juste et plus vrai, *parisianisé*, modelé savamment sur cet exemplaire de choix, à la fois enrichi et nuancé par l'influence de la capitale. Et cet étranger même, s'il s'y sent attiré, n'est-ce pas aussi pour beaucoup avec le désir d'en sentir l'influence, de se *parisianiser* à son tour quelque peu? Il devine, plus ou moins confusément, qu'il n'y abandonnera rien de lui-même, sinon peut-être quelques-unes

1. Renan, *Feuilles détachées*, p. 103.

de ses gaucheries ou même de ses tares, qu'il s'y défera de sa gangue et que sa personnalité, individuelle ou nationale, ne sortira que plus nette, plus pure et non moins riche de ce bain de lumière.

Telle est vraiment l'action de la capitale sur le pays et sur le monde. Action éducatrice, civilisatrice et, au sens fort du mot, moralisatrice. Paris n'est qu'en apparence un agent et un foyer de décomposition. En réalité, il humanise.

> Plus je me sens Français, plus je me sens humain,

a dit le poète. Et où se sent-on plus aisément et plus délicieusement Français que dans cette atmosphère de douceur intellectuelle et de charme sensuel? On s'y sent homme, vraiment, pleinement. On y sent se développer sans contrainte toutes ses puissances humaines. Ce n'est pas l'emprise rude et brutale d'un Londres et surtout d'un New-York, c'est une insinuation lente, pénétrante, de toutes les heures et de toutes les minutes. A Paris seulement, le mot de Térence est complètement vrai, à Paris seulement on éprouve que rien d'humain ne vous est étranger. Paris est « la vraie capitale de la sociabilité humaine [1] ».

Oui, Michelet a raison — Michelet, Parisien comme Molière et comme Voltaire et, bien qu'à sa façon, comme eux universel — oui, Paris est bien

[1]. Michelet, *Histoire de France*, t. IV, p. 262.

« ce grand et complet symbole du pays[1] » et « le génie parisien est la forme la plus complexe à la fois et la plus haute de la France[2] ». Mais il n'est le symbole du pays que parce qu'il est le symbole de l'humanité; le génie de Paris ne résume le génie français que parce qu'il est l'expression la plus parfaite, on oserait presque dire définitive, du génie humain.

1. *Id.*, *ibid.*, p. 287.
2. *Id.*, *ibid.*, p. 287.

DEUXIÈME PARTIE

L'INDIVIDU

CHAPITRE PREMIER

L'INTELLIGENCE FRANÇAISE

« Le bon sens est la chose du monde la mieux partagée. » Cette parole célèbre est d'un Français et ne pouvait être que d'un Français. Elle n'aurait pu naître ni dans la brumeuse et métaphysique Allemagne, ni dans la positive et mystique Angleterre, ni dans l'indolente Italie. Elle exprime trop bien la qualité distinctive de la race, cet âpre besoin de vérité quand même, ce désir de chercher à voir clair dans sa pensée pour voir clair dans son action. C'est le bon sens, c'est, comme le dit encore Descartes, « la puissance de distinguer le vrai d'avec le faux » qui, aux heures tragiques de son histoire, aura servi et sauvé la France ; c'est lui qui explique ces volte-faces imprévues, ces rebondissements inespérés grâce auxquels elle aura toujours pu échapper aux catastrophes. Le Français, avant tout, est intelligent.

Et il n'est pas si facile de l'être. On peut avoir du génie tout en n'étant qu'un sot. L'Allemagne en sait quelque chose. Henri Heine, ce Parisien des bords du Rhin, tout en admirant profondément Luther, en qui d'ailleurs il voit le prototype du Germain, lui reconnaît toutes les vertus, au bon sens près. « Il était sublime et borné[1]. »

C'est que le génie est une force de la nature, il est fait surtout d'inconscience. Et le Français est un produit de la raison. Non pas de cette raison allemande, lourde, pédante et constructive ; non pas de cette raison raisonnante qui se meut dans les abstractions, échafaude les systèmes, tisse tout un réseau de catégories et de formes dans lequel la réalité, ondoyante et diverse, n'a garde de se laisser prendre. Non, mais de la raison fine, alerte et souple, avec son sens des nuances, avec ce « tact » bien français qui n'est au fond que la parfaite adaptation de l'esprit aux choses.

En quoi consiste donc cette raison ? et quelle en est la marque spécifique ?

1. Heine, *de l'Allemagne*, t. I, p. 42.

I

Le « bon sens » ou « la raison » — pour Descartes les deux termes n'en font qu'un — suppose un savant mélange, un heureux dosage de l'esprit critique et de l'esprit d'invention. C'est une sorte de « flair » subtil qui, en dépistant l'erreur, conduit à la vérité.

Il dépiste l'erreur, impitoyablement. Et en ce sens, le Français est un adversaire redoutable, un démolisseur sans rival. Démolisseur, Rabelais qui met en pièces, au nom de la saine nature, l'édifice artificiel de la scolastique. Démolisseur, Molière qui dévoile les ridicules de l'affectation sous toutes ses formes, qui démasque les faux dévots comme les faux braves. Démolisseur, Voltaire qui porte partout la hache, dans les mauvais livres et dans les mauvais procès. Démolisseurs enfin, ces artisans de la Révolution française qui fut certainement le plus grand mouvement « critique » (beaucoup plus critique que constructif) que le monde politique et social ait jamais connu. Avec son souci d'analyse aigüe, avec ses investigations hardies et parfois effrontées, l'intelligence française, éprise d'idées « claires et distinctes », met à nu les travers comme les vices, les dangers de l'esprit romanesque comme les aberrations de la fausse science et de la fausse religion. Elle ignore le respect, elle juge et elle jauge, met chaque homme à sa place et chaque chose à son rang.

L'esprit critique est un esprit d'égalité. Il n'épargne personne et les plus haut placés sont les premiers mordus. On est sûr qu'il ne laisse rien subsister qui n'ait une valeur intrinsèque; il ne tient pas compte des différences de classe, de fortune et de situation. L'esprit critique a tout ensemble les audaces et le sentiment de justice de l'esprit démocratique. Il se dresse contre l'autorité, il ne s'incline que devant la vérité. C'est lui qui, avec Descartes, en face de l'Église et des sectateurs d'Aristote, affirme la légitimité de la pensée libre et du libre examen; c'est lui qui, plus tard, proclamera le droit de l'homme comme base de la charte politique. Il est un grand niveleur, un grand faiseur de révolutions, et s'il commence par la réforme de l'intelligence, c'est pour finir par la refonte de la société.

Aussi se subordonnera-t-il toutes les autres facultés de l'âme humaine. Il ne sera pas aveuglé ou dévoyé par le sentiment. En France, la raison bride l'imagination. Don Quichotte n'eût jamais pu naître sur les rives de la Seine, ni même de la Garonne. Certes, le Français, plus que quiconque, « s'emballe, » mais il le fait rarement à faux et il ne chevauche pas les chimères. Son ardeur même est lucide. L'héroïne en qui il s'est incarné s'est imposée à lui par sa netteté autant et plus que par son courage. « L'originalité de La Pucelle, ce qui fit son succès, ce ne fut pas tant sa vaillance ou ses visions, *ce fut son bon sens*. A travers son enthousiasme, cette fille du peuple vit la question et sut la résoudre[1]. » Qu'on se rappelle son procès, cette vision directe des choses, ces réponses qui vont droit au but et qui déjouent toutes les ruses, ce sens aigu de la situation. Jeanne d'Arc, si mal jugée et si mal comprise par Shakespeare, est une héroïne selon le cœur de Molière; elle est — et ce n'est pas la moindre partie de sa gloire — la sœur aînée de l'Henriette des *Femmes Savantes*. Comme elle, elle sait ce qu'elle veut et elle sait le vouloir. Si son idéal est élevé, avant tout il est simple et il est sain.

De même dans cette dernière guerre. Une étrangère qui nous aime et qui nous comprend, Mme Edith Wharton, s'émerveille encore moins devant notre héroïsme que devant notre intelligence. « Le dévouement, l'abnégation semblent instinctifs, mais ils reposent en réalité sur une connaissance raisonnée de la situation[2]. » Pas plus qu'il n'admet l'obéissance passive, notre peuple ne tolère ce qu'on pourrait appeler l'enthousiasme passif. Sans doute, plus qu'aucun autre il est capable de vivre et de mourir *pour une idée*. Mais

1. Michelet, *Histoire de France*, t. VI, p. 176.
2. E. Wharton, *L'âme de la France*, Revue de Paris du 15 Février 1916, p. 678.

une *idée* n'est pas un *instinct*; une *idée*, c'est ce qui parle à l'esprit avant d'atteindre le cœur et pour pouvoir l'atteindre. Le Français n'aime pas sa France par élan irréfléchi ou par routine, elle est autre chose et plus pour lui qu'une simple habitude sentimentale. Il l'aime au fond parce qu'il la juge, il la préfère d'une préférence rationnelle. Son patriotisme même est le résultat d'une sorte de doute méthodique et il ne l'accepte pour vrai que parce qu'il le « sait évidemment être tel. »

Au fond, ce bon sens, où qu'il s'exerce, révèle toujours sa vraie nature : c'est la raison concrète, c'est le sens des réalités. Et par suite il unira les deux qualités que distinguait Pascal, l'esprit géométrique et l'esprit de finesse, la logique et l'intuition.

Logique, le Français ne l'est que trop. Heine expliquait par là toute son histoire qui, disait-il, « se développe pour cette raison comme un procès judiciaire[1]. » Et dans la Révolution française il voyait, avec un simplisme outré mais où tout n'est pas absolument faux, une sorte de démence méthodique. Il est bien certain qu'en faisant couper des têtes un Robespierre ou un Saint-Just devaient avoir conscience d'observer en toute rigueur le principe de contradiction et l'échafaud était la conclusion, à leurs yeux impeccable, d'un syllogisme dont ils avaient emprunté les pré-

1. Heine, *Lutèce*, p. 167.

misses au *Contrat social*. Justice égale justesse.

M. Barrett Wendell n'est pas moins frappé de « cette passion des Français pour la systématisation[1]. » Ils ne se contentent pas, tel l'Américain, d'un à peu près qui fera l'affaire. Ils ont pour cela trop de « loyauté intellectuelle[2] ». Ce n'est pas chez eux qu'on trouverait ce pragmatisme facile aux yeux duquel le succès tient lieu de vérité. Respectueux du fait, ils le sont au dernier point et ils ne faussent pas l'expérience pour la plier coûte que coûte à leurs hypothèses. Mais ils ne se tiendront pas pour satisfaits tant qu'ils n'auront pas « ramené à un système leurs idées sur la vie[3]. » Ils sont épris de spéculation et plus encore de généralisation. « Ils n'ont pas de qualité plus profondément spécifique que leur dévotion passionnée à ce que, dans le sens le plus large du mot, nous pourrions appeler la philosophie[4]. » Ils prendraient aisément le contrepied du vieil adage : *Primo vivere, deinde philosophari*. Pour eux, au contraire, il faut philosopher pour pouvoir vivre, il faut fonder sa vie en raison.

Pour peu qu'on y regarde de près, on constate que c'est bien en effet sur ce principe de systématisation que le Français, pratiquement, construit toute son existence. Il la pense avant de la vivre.

1. B. Wendell, *La France d'aujourd'hui*, p. 166.
2. *Id.*, *ibid.*, p. 167.
3. *Id.*, *ibid.*, p. 174.
4. *Id.*, *ibid.*, p. 173.

Ou du moins on la pense pour lui. Dès le plus jeune âge, ses parents songent à son avenir, à sa carrière. On destine un moutard de quatre ans, qui tient à peine sur ses pattes, à Normale ou à Polytechnique ; il faut qu'il soit tel et non autre. Et si, par la suite, il ne répond pas aux espérances qu'on a fondées sur lui, ce sera pour les siens une déception, parfois même ils opposeront une résistance à ses désirs. Cet état d'esprit, qui le plus souvent nous échappe, est frappant pour les étrangers. Nous intellectualisons notre avenir, nous le voyons sous la forme d'une ligne bien unie, bien droite. De là vient en grande partie notre amour du fonctionnarisme : il n'est pas dû seulement, ni même essentiellement, à notre crainte des responsabilités ni au goût du Français pour le moindre effort. Il répond surtout à un besoin d'ordre, de rectitude, bref à un souci de logique. Il faut agir selon les règles et que la vie individuelle se situe par rapport à la vie collective comme la partie par rapport au tout.

Le Français tient à comprendre ce qu'il fait. Agir à l'aventure le déroute et le rend malheureux. La hardiesse du cadet britannique, la vie inconsistante et décousue du Yankee, ce fait d'aller planter sa tente n'importe où, en essayant n'importe quoi, c'est le propre de peuples chez qui l'activité prend le pas sur l'intelligence. Or, c'est là précisément l'inverse du tempérament français.

Le génie analytique, le souci de la précision à tout prix commande toutes ses démarches. Il l'accompagne même au pied de l'échafaud. « Tu trembles, Bailly. — C'est de froid, mon ami. » Dans cette réplique sublime, ce qui domine, plus que le courage même, c'est le besoin de se faire comprendre, jusque dans la mort.

Mais cette logique française est une logique vivante et non pas un simple jeu de concepts. Elle peut être étroite, elle ne cesse jamais d'être concrète, de serrer de près la réalité. Le Français ne doute pas pour douter, mais pour savoir; il ne critique pas pour critiquer, mais pour trouver. Souvent chicanier et subtil, il n'en vise pas moins un but pratique, un résultat tangible. Il n'est pas plus un ergoteur qu'il n'est un sceptique. La « recherche de la vérité, » voilà la loi de son intelligence. Et par vérité il n'entend pas une satisfaction mentale toute platonique, mais une conquête, une mainmise de la pensée sur les choses.

Aussi est-il par-dessus tout un inventeur. Ses conceptions se matérialisent, aboutissent à des résultats pratiques. Systématique, il poussera toujours son idée jusqu'à ses conséquences les plus lointaines; mais, étant un intuitif, ces conséquences aboutiront souvent à une découverte, une révélation. Le rôle de la France, en tout ordre d'idées, c'est d'apporter au monde du nouveau, des formules neuves en art, en science, en politique. Elle les établit, d'autres les appliqueront.

De là cette fécondité inouïe dans tous les ordres de recherches. On peut dire qu'au dix-neuvième siècle il n'en est pas un seul où la France n'ait tenu, et bien loin en avant des autres, le premier rang.

Mais si ce pays veut savoir pour trouver, il tient beaucoup moins à trouver pour utiliser, pour exploiter sa découverte. Impatiente, cette nation l'est en tout. Impatiente de déchiffrer l'énigme et n'ayant de cesse qu'elle n'ait résolu la difficulté. Mais, lorsqu'il faut ensuite s'astreindre à un travail minutieux et prolongé, productif aussi, de mise au point et de mise en œuvre, elle recule devant l'effort et elle laisse à d'autres le profit, l'Allemagne sautera, au fur et à mesure que le génie capricieux de la science française les aura arrachés à la nature, sur tous les secrets que celle-ci se sera laissé surprendre. Nous apportons l'inventeur, elle fournit les équipes. Elle n'a que des qualités de second ordre, mais elle les a bien. Le Français a des qualités de premier ordre, mais il les a mal. C'est l'enfant prodigue, le grand gâcheur et le grand dissipateur. Là comme en tant d'autres domaines, il aura surtout travaillé... pour le roi de Prusse.

C'est qu'au fond, dans tout ce qu'il tente, il est artiste, il est désintéressé, il cherche surtout son plaisir. Et il le trouve dans l'exercice de son intelligence, abstraction faite du profit. Aussi procède-t-il par à coups, par saccades, en fantaisiste, prêt à lâcher pied dès que sa curiosité est satisfaite. Il ignore trop les longs espoirs et les vastes pensées. Il vit surtout dans le présent, il ignore le temps. Il lui faut des minutes ardentes, des instants intenses, dussent-ils être suivis — et ils ne le sont que trop — de périodes de stérilité ou plutôt de fainéantise. La France est « enfant de Bohême », prestigieuse et déconcertante.

Point de pays, par suite, où soit plus accusé le contraste entre la fécondité scientifique et l'infériorité commerciale ou industrielle. La France a découvert le sous-marin, l'aéroplane, les couleurs d'aniline, et c'est l'Allemand qui les fabrique. Les États-Unis, après nous avoir acheté pendant quinze ans nos automobiles, menacent de nous exproprier sur ce terrain. Nous fabriquons peu, nous fabriquons lentement, nous vendons cher. Nous faisons, par nos trouvailles, naître de nouveaux besoins, et nous nous montrons impuissants à les satisfaire. A voir tout ce que ce pays promettait et le peu qu'il a tenu, on serait tenté de lui appliquer le mot célèbre : Quel bel avenir il a derrière lui !

Cette légèreté traditionnelle cessera-t-elle jamais ? Elle cesse, en réalité, dès que le danger devient imminent et, jusqu'ici du moins, la France a toujours su se redresser à temps. C'est en cela surtout que son intelligence la sert, cette intelligence intuitive dont le talent est un art d'infaillibilité. On a vanté à juste titre sa faculté de renouvellement. Nous en saisissons maintenant le secret : elle est due à la compréhension, parfois tardive, toujours exacte, de son intérêt véritable. Voyez l'ouvrier français. Il est presque toujours un lambin, bien rarement un attardé. Il flâne, il muse, mais il sait « en mettre » au moment voulu. Et le pays aussi « en met » quand il le faut. Il est souvent *moins cinq*, mais il ne laisse pas passer l'heure. Il était *moins cinq* quand Jeanne d'Arc a surgi, il était *moins cinq* à la Marne, il était *moins cinq* à Verdun, il était *moins cinq* à Château-Thierry. Et de même dans ses crises intérieures. Jusque dans ses révolutions, la France s'est montrée souverainement intelligente, rebondissant à l'instant précis où elle risquait d'être écrasée.

C'est encore ce sens du réel et de l'adaptation qui donne à l'esprit français sa qualité maîtresse, la *mesure*. La mesure, c'est la spontanéité réglée. Elle ne supprime pas l'originalité, elle la suppose, mais elle la contient, lui fixe ses justes limites. Le charme de l'intelligence française, c'est qu'avec tout ce qu'elle apporte d'imprévu, d'inattendu, elle n'est jamais ni en deçà ni au-delà de ce qu'il faut. Un Américain (les Américains nous comprennent en général fort bien), M. Walter Berry a su saisir tout ce qu'il y avait d'ordonné et, comme il le dit, de *discipliné* sous son anarchie apparente. « La qualité dont l'Américain a besoin, et que le Français possède au plus haut degré, c'est la qualité *sophrosyné* des Grecs, la sage modération... Le Français a l'esprit primesautier, mais il a le sens de la discipline, de l'ordre, de la précision. Il a en horreur la confusion mentale ; toujours on sent l'équilibre. Il est plutôt intelligent qu'imaginatif[1]. » Disons, pour être plus exact, que son imagination trouve dans son intelligence sa limite et sa règle, et c'est en cela que consiste l'équilibre véritable. Il commet rarement des impairs, des fautes de goût, car à la moindre fausse note il se rend compte qu'il n'est plus au diapason et il a tôt fait de s'y remettre. Peu d'envolée peut-être, car il a trop peur de se perdre, il a trop le sens du ridicule pour ne pas mettre une sourdine à son enthousiasme. Son idéal, notamment en matière d'art et de littérature, c'est moins le sublime que le parfait.

C'est à son intelligence encore que le Français doit d'être le type de l'homme du monde, « l'honnête homme » du XVIIe siècle. Il ressemble plus à Philinte qu'à Alceste et Molière a visiblement préféré

1. *La France et les États-Unis.* Conférence W. R. V. Berry, p. 120.

la « vertu traitable » du premier à l'humeur « atrabilaire » du second. Il n'est pas tout d'une pièce, il est l'homme des accommodements et des demi-mesures, il sait vivre. La vie, c'est-à-dire le perpétuel frottement avec ses semblables, écarte la raideur, appelle les concessions, voire les compromis; elle n'est pas en couleurs crues, mais toute en demi-teintes. Pour le Français plus que pour quiconque, la raison est fille de la cité et la raison, produit social, implique avant tout la sociabilité. Sa vie n'est pas une vie d'exception, c'est une vie moyenne, ce qui ne veut pas dire médiocre, bien au contraire. Elle évite l'outrance, elle ne se singularise pas. Harmonieuse surtout, elle donne l'impression de quelque chose d'achevé, de définitif, qui par suite ne comporte pas de retouches, sans être pourtant ni rigide ni arrêté dans ses contours. C'est une mobilité facile et heureuse qui, à chaque instant de son devenir, ne cesse de se réadapter et de se réajuster aux circonstances nouvelles. D'un mot, c'est la grâce, la grâce plus belle et en tout cas plus séduisante que la beauté.

L'intelligence du Français est gracieuse là où celle de l'Anglais est raide, celle de l'Allemand pataude et celle de l'Américain fruste. Son secret, c'est qu'elle sait s'oublier ou du moins en avoir l'air. Le Français plaît parce qu'il tient compte d'autrui, entre dans ses vues, sympathise avec ses préférences. Sympathie toute superficielle bien souvent, mais qui n'est pas chez lui une amabilité de commande. Il est toujours prêt, et en somme assez sincèrement, à applaudir le sonnet d'Oronte, quitte à en faire des gorges chaudes, avec une égale sincérité et toujours pour faire plaisir à d'autres, dès que l'auteur aura le dos tourné.

Cette urbanité n'est pas hypocrisie ou du moins ne l'est que fort peu. Elle est à fin de bienveillance parce qu'elle est à fond de compréhension. C'est la politesse française, c'est la politesse humaine.

Humain, voilà ce que le Français est par-dessus tout, dans les petites choses comme dans les grandes, dans l'acception la plus mince du terme comme dans son sens le plus fort. Il est humain parce que le fond de l'homme, ce qui le rapproche de ses semblables, c'est la raison, c'est l'intelligence « tout entière en un chacun ». On ne saurait trop le redire : le Français est intelligent. Il est sociable, il est poli, il est humain parce qu'il est intelligent et parce qu'il l'est au suprême degré. C'est par là que dans tous les ordres d'idées la France offre à l'étranger des modèles. Les autres peuples se reconnaissent dans le sien, mais ils s'y reconnaissent idéalisés ou, pour mieux dire, clarifiés. *Tirer au clair*, voilà la vraie fonction de la France, amener à la pleine conscience d'elle-même cette humanité partout ailleurs obscurcie et confuse et qui, en elle seule, arrive à s'exprimer avec une parfaite distinction. Sa véritable originalité n'est peut-être pas tant de s'affirmer pour et par elle-même, comme une nation entre d'autres nations, que de permettre à toutes les autres nations de s'affirmer en et par elle.

II

Et, pour permettre une telle affirmation, la France possède un outil incomparable, son langage. Après le latin, dont d'ailleurs il procède, le français est resté et reste aux yeux de tous la langue universelle, la langue des peuples civilisés.

D'autres dialectes peuvent être plus répandus et, au point de vue pratique, pour qui fait son tour du monde, l'anglais et l'espagnol sont plus utiles que lui. Mais pour qui veut faire le tour de la pensée humaine, ils le sont moins. On les apprend aux futurs commerçants, aux industriels, aux commis-voyageurs. C'est le français qu'on enseignera aux futurs monarques, aux diplomates et plus généralement à tous ceux qui veulent développer en eux le sens et le goût de la culture.

Il faut dire plus. Au moment où, par la force des choses, l'humanité tend à une unification de plus en plus haute, où, par des échanges de toutes sortes, elle s'internationalise chaque jour davantage, le français, ainsi qu'on l'a dit, « est en train de devenir la langue supra-nationale du groupe de civilisation européen [1]. »

C'est qu'à le prendre en lui-même, il est déjà le résultat d'une première et savante fusion. « Chez nous, la langue et le droit ont tendu vers l'unité [2] ». Toutes les influences qui, en se combinant, ont fait la race se sont également mélangées pour faire l'idiome. Cent patois, cent dialectes se sont heurtés d'abord, puis peu à peu pénétrés et harmonisés en un tout.

Mais il serait faux de voir dans la langue française une création spontanée de la nature. Elle est pour beaucoup le produit de la réflexion et de la volonté, elle est une œuvre d'art. Les Malherbe, les Vaugelas, les Boileau, l'Académie ont mis sur elle leur empreinte, lui ont imposé une discipline sévère. Les précieuses de l'Hôtel de Rambouillet, alliées aux grammairiens et aux faiseurs d'arts poétiques, lui ont creusé un chenal étroit parmi les dérivations multiples de tous les idiomes locaux ; peut-être même l'ont-elles détournée de son cours naturel.

A ce travail d'épuration méthodique elle a beaucoup perdu, il faut le reconnaître, de sa saveur

1. Novicow, *L'expansion de la nationalité française*, p. 188.
2. Michelet, *Notre France* p. 295, note 1.

primitive. On ne retrouve guère, dans la forme impeccable des auteurs du XVII° siècle, la naïveté colorée de leurs prédécesseurs. Elle est devenue sous leur plume une langue abstraite, essentiellement intellectuelle, une langue noble qui évite le mot propre dès qu'il est, nous ne dirons pas grossier ou trivial, mais simplement concret, dès qu'il fait trop image. Les « chiens dévorants » de Racine ont choqué plus d'un de ses contemporains. Malgré les conseils de Despréaux, ou plutôt à cause d'eux, la langue française a longtemps hésité avant d'appeler un chat un chat, et pour dire que Rollet est un fripon, elle recourt à des euphémismes ou à des périphrases. Elle atténue, elle polit, elle arrondit les angles et estompe les couleurs. Si elle fût restée livrée à sa pente naturelle, elle eût gardé la richesse plantureuse, un peu grasse et redondante, qui frappe chez un Rabelais et même chez un Montaigne. Quand, d'aventure, dans une œuvre classique, on retrouve un écho du bon vieux temps, quel éclat il jette sur cette forme sobre et châtiée! Qu'on se rappelle la Martine des *Femmes savantes* avec ses vieux dictons énergiques et crus,

> Ses proverbes traînés dans les ruisseaux des Halles,

ou encore la chanson du roi Henri opposée au sonnet d'Oronte! Quel contraste même avec le langage d'un brave père Chrysale dont le robuste et épais bon sens n'est guère moins « stylé » après tout, si peut-être il est moins affecté, que celui d'un Trissotin ou d'une Bélise! Molière lui-même, qui fait la guerre aux pédants et aux précieuses, parle en somme la langue qu'ils lui ont forgée.

C'est qu'on a porté la hache dans la forêt luxuriante et touffue du vieux « françois ». On a élagué, émondé sans pitié. On a imposé des règles étroites, tyranniques, chassé les expressions grossières ou simplement osées ; on a surtout appauvri la langue. Le français du XVIIe siècle est le résultat d'une sélection impitoyable. Et, malgré les audaces tardives du romantisme, c'est encore lui qui fait le fond de notre langue littéraire. Elle est correcte, elle est châtiée, plutôt que vibrante et sonore. Notre grand écrivain n'est pas un Shakespeare, mais un Voltaire, n'est pas un puissant, mais un délicat. Et Victor Hugo lui-même, en dépit de sa richesse verbale, ne dispose pas des mêmes moyens d'expression que le poète anglais et, à ses côtés, ferait presque figure de classique.

Ici comme partout ailleurs, on a sacrifié au besoin de clarté. Le Français écrit comme il parle, avec le souci de se faire comprendre, ce qui est plus rare qu'on ne pense. Il n'écrit pas pour lui, mais pour les autres. Il n'a pas, sauf exception, l'âme d'un lyrique ; l'art littéraire dans lequel il triomphe, c'est l'art dramatique (pour ne rien dire du journalisme), celui qui s'adresse directement à un public. Le Français s'adresse toujours à quelqu'un. Penser, parler, écrire, c'est tout un pour lui et c'est toujours converser.

La littérature française est une perpétuelle conversation — au moins jusqu'au xıxe siècle, — la langue française est par excellence la langue de la conversation. C'est la langue des salons, même à l'étranger. Lorsqu'on veut éviter la confusion ou l'équivoque, c'est à elle qu'on a recours plutôt qu'à n'importe quelle autre. Elle énonce clairement parce qu'elle a été faite par des gens qui concevaient bien.

Elle est analytique et elle est harmonieuse. Si l'on peut lui reprocher une orthographe déconcertante et une syntaxe trop compliquée, elle a pour elle une prononciation agréable et facile. « Au point de vue phonétique, le français a des avantages incontestables sur l'italien et l'anglais, et au point de vue grammatical et syntaxique, sur l'allemand et le russe[1] ». Il est moins rude et moins guttural que les langues anglo-saxonnes, moins monotone et plus varié que les autres langues latines. Comme toujours en France, il est une moyenne et il concilie les contraires. On peut également admirer, avec Novicow, sa « raideur d'acier[2] » ou, avec Michelet, « son incomparable

1. Novicow, *L'expansion de la nationalité française*, p. 66.
2. *Id.*, *ibid.*, p. 67.

fluidité[1]. » Il sait aussi bien, dans des formules lapidaires, frappées à l'emporte-pièce, condenser une pensée que la développer dans des périodes larges et souples pour en parcourir le détail et en suivre les moindres sinuosités.

Par là, il est peut-être moins une langue de littérateurs qu'une langue de journalistes. C'est une langue de polémistes et de révolutionnaires. « Ce terrible engin d'analyse éclaire tout, dissout tout et peut tout mettre en poudre, broyer tout, formalismes, lois, dogmes, trônes. Son nom, c'est : la raison parlée [2] ». Qui pourrait lui résister ? « Une telle langue, c'est la guerre aux dieux » [3]. Langue d'avocats, a-t-on dit souvent non sans une nuance de mépris. Il se peut, mais non pas de sophistes, car, le voulût-elle, il lui serait difficile de mentir. La langue de Descartes n'est pas la langue de Basile.

Si elle est si redoutable, c'est qu'en effet elle est foncièrement saine, c'est une langue de vérité. Sans doute, on peut la truquer, l'affadir, la rendre mièvre et contournée. Elle est assez souple pour se prêter à toutes les transformations et à toutes les déformations. Elle a connu l'enflure espagnole, les *concetti* italiens. Mais, sous tous ces oripeaux dont on la recouvre, elle conserve

---

1. Michelet, *Histoire de France*, t. XIV, p. 377.
2. *Id.*, *ibid.*, p. 377-8.
3. *Id.*, *ibid.*, p. 378.

sa vigueur native. Nulle part on ne le voit mieux que chez ses orateurs. Chez eux, le langage ne soutient pas seulement la pensée, il la crée. Au sens le plus fort et le plus légitime du terme, le Français pense surtout lorsqu'il parle et parce qu'il parle. Étant par excellence un être social, en communiquant sa pensée à autrui, il se la révèle à lui-même. Aussi, selon la juste remarque de Mme Wharton, « chez les Français le mot peut donner à la pensée son âme et sa forme [1] ». En dépit de son apparence banale, usée, impersonnelle, il contient en lui quelque chose qui le dépasse. Il est proprement le *Logos*, le *Verbe*, et ce n'est pas seulement, dans ce pays des idées générales, l'esprit individuel qui s'incarne en lui. Il n'est pas fait, encore qu'il y excelle, pour traduire la vie profonde de l'âme, l'intuition bergsonienne du devenir interne, mais bien, comme le latin, cette langue d'avocats, pour être débité au Forum ou à la barre ; c'est la langue des procéduriers et des parlementaires, la langue des meneurs de foules plutôt que la langue des poètes. Heine lui reproche de ne pas être la langue du souvenir, la langue du passé. « La langue française, comme la déclamation française, comme le peuple lui-même, ne sont appropriés qu'au présent, au besoin du jour. Les régions vaporeuses du souvenir et

1. E. Wharton, *L'âme de la France*, Revue de Paris du 15 février 1916, p. 679.

du sentiment sont interdites à cette langue. Elle ne réussit qu'en plein soleil[1] ». Ce jugement est sévère et, pour le mettre au point, il faudrait tout au moins ajouter qu'elle ne se contente pas de contempler le soleil, elle l'appelle. C'est la langue du coq gaulois, la langue de Chantecler.

Ce qui reste vrai, c'est la netteté tranchante de la phrase française. Elle va droit à son but et elle en a toujours un. Nul n'en a mieux dégagé le génie que la rude servante de Molière,

> La pauvre Laforest qui ne savait pas lire,

mais qui, par la bouche de Martine, sa sœur,

> Parlont tout droit comme on parle cheux nous.

Rectitude qui se double de souplesse. Ce que le français exprime clairement, c'est ce qui de soi n'est pas clair, « le profond et le compliqué[2] ». Et c'est en cela qu'il faut protester contre la condamnation trop rigoureuse et trop simpliste de Heine. Grâce à sa merveilleuse pénétration, le français parvient à rendre les nuances les plus délicates. Cette « langue aimable » dont, nous dit Renan, « Brunetto Latini, au XIIIe siècle, trouvait déjà la parlure si délectable », saura, en dépit de la pauvreté relative de son vocabulaire, exprimer les moindres détails avec la plus grande

1. Heine, *La France*, p. 309.
2. *Les États-Unis et la France.* Conférence de M. Boutroux, — p. 17. (F. Alcan).

finesse. Précisément parce qu'elle analyse, parce qu'elle est d'une précision rigoureuse, rien n'échappe à ses prises. C'est à force d'être compréhensive et compréhensible, pleinement intelligible, qu'elle devient une langue sentimentale. Non de cette sentimentalité vague et un peu floue des littératures du Nord, elle n'a rien de brumeux ni de mystique; mais de cette sentimentalité intuitive, aiguë, qui atteint les replis les plus cachés de l'âme humaine. Ce n'est pas une langue de métaphysiciens, mais c'est une langue de psychologues. Où trouvera-t-on tout ensemble une notation plus exacte et une émotion plus vibrante que dans tel passage où Racine exprime la passion d'une Hermione ou d'une Roxane? Pas d'ombre, pas de mystère, pas de traits effacés ou de contours estompés; tout est net, tout est mis en valeur, tout est vu et tout est dit. Et pourtant, et à cause de cette vision directe et sûre, quel frémissement d'angoisse indéfiniment prolongée!

> Ariane, ma sœur, de quel amour blessée,
> Vous mourûtes aux bords où vous fûtes laissée!
> . . . .
> Ma flamme par Hector fut jadis allumée;
> Avec lui dans la tombe elle s'est enfermée...

Chaque mot fait image et chaque image a des résonances sentimentales qui remuent en nous tout un monde dormant de souvenirs attendris.

Reconnaissons-le pourtant, ce n'est que par exception, malgré tout, que le français s'attache à des spectacles tragiques et, parmi ceux-ci, à ceux qui sont d'ordre purement sentimental. Les douces choses qu'il peut nous dire sont des choses jolies et fines plutôt que des choses douloureuses. Il est la langue de la joie et non de la tristesse. Sans doute, il sait la dire, elle aussi, car il sait tout dire, mais il n'est vraiment lui-même que lorsqu'il s'égaie doucement sous son ciel frais et léger. Il sait rire, il sait sourire, il sait ironiser. Il est un peu gamin, mais il n'est pas méchant. Il égratigne, il ne griffe pas.

C'est vraiment une langue heureuse, et la langue d'un peuple heureux. La joie qu'il respire et qu'il inspire, c'est la joie de vivre, d'une vie saine et délicate tout ensemble. Et c'est donc plus encore, c'est la langue d'un peuple libre, une langue libérale, une langue libératrice. On voit mal les *droits de l'homme* proclamés dans un autre pays et dans un autre idiome. Et quand, demain, on proclamera les droits des peuples, « qui sait si les propositions de paix et de liberté qui tireront l'Europe de l'affreux état de haine et de préparatifs militaires où elle est ne seront pas formulées en français [1] »? Le français est proprement le langage humain, celui qui universalise tout sentiment et toute pensée. Notre langue a vraiment, comme le dit encore

1. Renan, *Feuilles détachées,* p. 262.

Renan, « toujours exercé dans le monde un apostolat de bonne humeur et d'humanité [1] ».

III

Le caractère éminemment analytique et intellectuel qui se manifeste dans la langue se retrouvera dans tous les autres produits de l'activité française. Par là s'explique la différence qui existe entre sa science et son art. La première porte plus clairement son estampille, sa marque d'origine ; le second apparaît plus souvent pénétré par des influences étrangères.

Rien de plus facile à comprendre. La science, qui se meut parmi les choses, est, comme le remarque M. Bergson, confinée dans le seul domaine de l'intelligence, dont l'objet propre est la matière. Tandis que l'art fait appel à d'autres facultés, plus obscures ou plus profondes, à l'intuition, au cœur, à l'imagination, — facultés qui sans doute existent chez le Français, et souvent au plus haut point, mais qui chez lui restent subordonnées à l'intelligence et sont, consciemment ou non, dirigées par elle. Il y sera donc un peu moins lui-même, un peu plus tributaire des autres.

Pour la science, aucun doute. Elle est française par ses origines, elle reste française par son esprit.

1. *Id.*, *ibid.*, p. 265.

Et cela précisément parce qu'elle est universelle. M. Liard ne se trompe pas en « voyant dans la science une des vocations naturelles de la France[1] ». C'est un Descartes qui, en dégageant son véritable esprit, à la fois mathématique et empirique, d'intelligibilité totale et de rigoureuse objectivité, lui donne ses grandes directives, l'oriente vers la découverte par le « vrai usage » de la raison. C'est un Lavoisier qui fait sortir la chimie positive des mirages de l'alchimie; c'est un Claude Bernard qui crée la physiologie et la médecine expérimentale; c'est un Pasteur qui découvre et généralise la méthode microbiologique. « Ce sont des Français que, le plus souvent, nous trouverions comme créateurs des idées directrices, des idées nouvelles qui tracent les cadres qu'ensuite, je le reconnais, à côté des inventeurs de génie, la troupe innombrable des fourmis teutonnes vient remplir de son patient, incessant et méthodique travail[2] ».

Et le moyen qu'il en soit autrement? Les qualités d'esprit du Français le prédisposent à la science. Il a très précisément le genre de raisonnement qu'elle exige, le besoin de se rendre compte, de ramener les touts complexes à leurs éléments simples. Mais il ne s'agit pas d'une

1. Liard, *La guerre et les Universités françaises*, Revue de Paris, 1er Mai 1916, p. 56.
2. *Id.*, *ibid.*, p. 58.

RODRIGUES. 7

simplicité artificielle où l'esprit seul trouve son compte, qui répond à son besoin d'ordre sans se mettre en peine de savoir si la réalité se plie ou non à nos exigences intellectuelles. Rien de moins mécanique, rien de plus éloigné de l'a priorisme allemand que cette pensée curieuse et précise tout ensemble. Elle veut être orientée dans ses recherches par une vision directe des choses. Elle se maintient à égale distance d'un empirisme stérile et d'une construction aventureuse. L'initiative intellectuelle est à la fois hardie et contenue. Elle ne se noie pas dans le détail, elle ne s'envole pas dans les nuages.

Aussi, plus que dans la plupart des autres nations, le savant français garde-t-il une entière liberté d'esprit. Il ne dogmatise pas, il est moins accessible que d'autres à l'esprit de système et il ne s'attarde pas à des doctrines vieillies. Trop frondeur pour ne pas démolir ses dieux, s'ils sentent le moisi, il saura, s'il le faut, abandonner ses anciennes certitudes pour une vérité rajeunie. Les hérésies ne l'effraient pas, elles l'attirent; mais il sait en juger le bien et le mal fondé et, pour peu qu'il aille trop loin, son ardeur de néophyte sera vite tenue en échec ou tout au moins canalisée par son très sûr instinct de pondération et de mesure.

Il est surtout extrêmement défiant, il n'admet pas en matière de faits — fût-il par ailleurs déiste et même croyant, ce qui se voit plus souvent qu'on ne pense — la moindre intervention surnaturelle. Sa science n'est pas une mystique. Il ne prête pas à la nature, comme le fait parfois le Germain, des intentions ou des plans, il n'imagine pas en elle une finalité inconsciente. Ce n'est pas lui qui, dans le domaine expérimental, s'aviserait d'aller scruter « les imperscrutables desseins de Dieu ». Sa conception est plus nette, plus sèche si l'on veut. Il aime mieux appauvrir qu'obscurcir. Tout pour lui se réduit à des relations claires de causalité mécanique. Il n'est d'ailleurs pas plus matérialiste que spiritualiste, il fait fi de toutes les métaphysiques, il est positif. Des faits et des lois, ni dieux ni forces.

Enfin, il n'a garde de suspendre la science à autre chose qu'elle-même, de lui demander la justification d'une politique ou d'un régime social. Il y a une science française, mais il n'y a pas en France une science d'État, une esclave au service d'un maître. Elle n'est pas, comme en Allemagne, subordonnée à un pouvoir dirigeant et prête à tout lui sacrifier, à commencer par la vérité, qui est son objet et sa raison d'être. Aussi les savants français n'auraient-ils jamais commis les lourdes bévues des quatre-vingt-treize intellectuels allemands dans leur fameux manifeste.

Cette conception nette, volontairement étroite, d'une science qui se limite à sa fonction propre :

déterminer ce qui est, se justifie par son succès. Sans cesse, qu'il s'agisse du génie d'invention mathématique d'un Poincaré ou de la révolution chimique opérée par un Berthelot, le savant français ouvrira des voies nouvelles, dévoilera des perspectives inconnues, des champs d'action illimités où glaneront les générations futures. Son rôle est moins d'apporter des solutions que de poser des problèmes. Il indique une direction ; après lui, par myriades, les autres suivront.

Avouons-le tout franc. Les mêmes raisons qui placent le Français à l'avant-garde de la science ne lui assurent pas le même rang en matière esthétique. Il y compte peut-être les plus pures, mais non pas certainement les plus grandes gloires. Cette « mesure » qu'il apporte en tout ne lui permet guère de triompher là où est en cause le démesuré, l'illimité, en un mot le sublime.

Aussi, de toutes les formes d'art, celle dans laquelle il revendique la palme est-elle la forme la moins sentimentale et la plus purement intellectuelle. La France ne possède ni un peintre comme Rembrandt, ni un sculpteur comme Michel-Ange, ni un musicien comme Beethoven. Si l'architecture de ses cathédrales gothiques est sans rivale, c'est qu'elles furent l'œuvre d'une foi et d'un peuple, non d'un homme, œuvre religieuse et collective et non création individuelle. En littérature, et en littérature seulement, la France brille d'un éclat qui, du moins dans les temps modernes, n'a jamais été dépassé. Pour en trouver l'équivalent, il faudrait, par delà le siècle d'Auguste, remonter jusqu'au siècle de Périclès.

Et là même, en dépit de cette incontestable prééminence, il faudrait s'entendre. Si nous en exceptons Victor Hugo, ce monde, Victor Hugo trop près de nous peut-être pour que nous puissions juger sainement son œuvre, force est de reconnaître que la France ne compte ni un Shakespeare, ni un Dante, ni même un Gœthe. Osons dire davantage, il est assez difficile d'affirmer qu'il existe, dans notre littérature, un génie national proprement français. Ce ne sont pas les thèmes de notre histoire nationale — et c'est pourtant la plus riche du monde — qui ont inspiré nos poètes. Une Jeanne d'Arc ou un Henri IV n'ont été chantés que dans des œuvres plates, pour ne pas dire misérables, la *Pucelle* et la *Henriade*. Et quand notre plus grand, notre seul faiseur d'épopées choisit une légende, c'est la *légende des siècles*, la légende universelle, non la légende de la France, la légende nationale. Que le Français n'ait pas la tête épique, qu'il n'ait jamais pu ou jamais voulu faire son *Iliade* ou son *Enéide*, ce n'est pas une explication, c'est un fait, et un fait qui demande lui-même à être expliqué.

Or, il n'est pas difficile de le comprendre. De

tels sujets l'effraient parce qu'ils le dépassent. Ils dépassent le niveau de l'intelligence. Et le Français est trop intelligent, à la fois trop raisonneur et trop raisonnable, pour être un grand génie artistique. Ou plutôt, il aura cette forme de génie que donne l'intelligence. Musset l'avait compris lorsqu'il admirait en Molière

> cette simple harmonie
> Et comme le bon sens fait parler le génie.

Le bon sens poussé, nous ne dirons pas à son paroxysme, car ces deux mots jurent d'être rapprochés, mais à son plus haut degré de puissance, voilà le génie de la France.

Mais ce génie du bon sens, ce n'est pas le génie épique d'un Homère ou même d'un Milton, ce n'est pas davantage le génie dramatique d'un Shakespeare ou même d'un Schiller. C'est un génie plus modeste, si l'on ose dire, en tout cas plus équilibré, il a moins d'envolée s'il n'a pas moins d'envergure ; en un mot, c'est le génie comique. Il souligne les ridicules plutôt qu'il ne flétrit les vices, et il n'atteint ceux-ci qu'indirectement, par ceux-là. S'il s'attaque à des passions, c'est à l'avarice, à l'hypocrisie, à celles qui excitent le dégoût ou le mépris ; ce n'est pas à l'amour qui ne provoque guère que la sympathie. Volontairement, de parti pris, il reste terre à terre. Comme M. Lanson le disait de « l'adorable Henriette », c'est sain, c'est puissant, c'est parfois exquis, mais c'est toujours « de la prose [1] ».

Oui, le génie français est, dans son ensemble, un génie de prosateurs, ce qui ne veut pas dire un génie prosaïque, mais un génie raisonnable, le génie de la raison même. Où trouverions-nous des poètes vraiment et purement français, entendons qui aient tiré de la France même et de la France seule, de leur pays et de leur milieu, une poésie vraiment et purement française? Au XVIᵉ siècle peut-être, avec un Ronsard, et encore est-il tout pénétré d'influences italiennes ; ou encore avec un Charles d'Orléans, mais il chante « la douceur angevine » plutôt que la douceur française. Et en tout cas, ici, la poésie précède la littérature, car la langue n'est pas faite. Et, quand elle se fait, ceux qui la parlent s'attachent à d'autres rives. Corneille vit avec Rome, quand ce n'est pas avec l'Espagne, Racine avec les Grecs d'abord, puis avec la Bible, et tous deux avec l'homme. Peut-on dire qu'ils aient vécu avec la France? Ce qu'il y a, sous le masque d'emprunt, de proprement français en eux n'est certainement pas ce qu'il y a de plus purement poétique. Chez l'un, c'est la vigueur dialectique de l'avocat normand ; chez l'autre, l'adresse incomparable et la souplesse du courtisan de Louis XIV. Ils sont Français très précisément dans la mesure où ils ne sont pas poètes,

1. Lanson, *Histoire de la littérature française*, p. 517.

poètes dans la mesure où ils ne sont pas Français.

Objectera-t-on le délicieux La Fontaine, celui dans lequel Taine voyait notre véritable poète épique ? Mais l'exception confirme la règle. Car son épopée — si tant est qu'il y en ait une — est, de son propre aveu, une épopée comique et une épopée humaine, et nullement une épopée nationale. Ce qu'il regarde, ce n'est pas plus la France qu'un autre pays, c'est la société et c'est l'homme. Ce qu'il peint, c'est

> Une ample *comédie* aux cent actes divers
> Et dont la scène est *l'univers*.

Le génie de la France n'est pas un génie poétique. Si l'on veut à tout prix lui trouver des poètes — du moins avant l'ère romantique — c'est plutôt parmi ses prosateurs qu'il faudrait aller les chercher. Et des deux qui, incontestablement, sont les plus grands, l'un, Pascal, est un croyant et parfois presque un halluciné ; l'autre, ce demi-fou, Rousseau, est un Génevois.

C'est en effet une sorte de folie, un état de passion et d'extase, qui fait le poète comme il fait le musicien, qui fait du poète une sorte de musicien, musicien des notes, des assonances, des rimes. Et comme il cadre peu avec cette tête française, à la fois solide et fine, et surtout équilibrée ! Encore une fois, quels sont les littérateurs les plus purement français, ceux dans lesquels se reconnaît et se retrouve le peuple de France? Ce n'est certes pas dans nos grands tragiques du xviie siècle, et moins encore dans nos lyriques du xixe. C'est dans un Rabelais, avec son abondance plantureuse et gauloise; mais qu'y a-t-il de moins poétique, à prendre le mot dans son sens le plus courant, qu'y a-t-il de plus voisin de la nature et de plus éloigné de l'âme, que la truculence d'un Pantagruel et les franches lippées d'un Gargantua? Ils sont tout corps, toute chair, toute panse. Ils respirent la joie de vivre. Rabelais rit à gorge déployée, et la poésie pleure ou frissonne; Rabelais parle, pérore, tonitrue, et la poésie soupire et chante.

Et c'est encore, c'est surtout dans un Molière et dans un Arouet que le Français se saisit comme dans un miroir. Molière? Oh! sans doute, à en croire Boileau, il serait le premier de nos poètes, et il l'est probablement selon son cœur, le cœur de l'homme dont la raison a coupé les ailes à la poésie. Oui, le vers de Molière est large et franc, il coule de source. Mais il n'est rien moins que poétique. Il est frappé à l'emporte-pièce, condensé souvent en formules lapidaires; c'est une prose cadencée, martelée, rythmée et rimée. Mais on y chercherait en vain toutes ces raisons du cœur, tout cet ineffable qui se laisse deviner, tout ce que l'imagination ajoute à la vision pour la prolonger et que l'on trouve, chez Racine parfois, et plus souvent chez Lamartine. C'est que, comme la prose de Rabelais, le vers de Molière dit le corps et non l'âme. Il tient pour la « guenille », il est avec Chrysale contre Philaminte, mais aussi contre tous ceux qui ont voulu dépasser cette vision un peu courte, positive, pratique, du bon sens. Le bon sens est l'ennemi-né de la poésie et il lui suffit, comme le proclame Descartes, d'un raisonnement sain, fût-il fait en bas-breton.

Quant à Voltaire, ses œuvres poétiques sont insignifiantes, son théâtre ne se lit plus. Son génie est celui d'un homme d'action et la poésie est surtout sur le plan du rêve. Il vaut, lui aussi, par sa verve de satiriste et par sa puissance de polémique. Journaliste de génie, mais poète non pas. Ceux qui, de nous, sont les plus nôtres ne se sont peut-être même pas doutés de ce qu'était la vraie poésie.

Mais, par contre, ils sont les plus impersonnels, donc les plus humains de tous les littérateurs. La littérature française, même chez les plus audacieux, est avant tout une littérature classique qui, comme telle, dépasse les frontières du pays où elle est née. En ce sens, il n'en est pas de plus libre, de plus détachée de tout dogme et de toute confession. Dès l'origine, elle a su rester indépendante de l'Église. « Elle appartient à un idéal plus universel ; voilà pourquoi elle a pu être admise universellement par des peuples de communion différente[1]. » Chez toutes les autres nations, elle reste étroitement liée aux préoccupations religieuses et politiques. En Angleterre, la marque du puritanisme, en Allemagne celle de l'état médiéval du pays s'y retrouvent à chaque instant. Et il en avait été de même en France pendant tout le moyen-âge. La France se chantait elle-même. A dater du xviie siècle, elle a chanté l'humanité, ou plutôt elle l'a racontée, décrite, analysée. Elle a été psychologique, morale, sociale, oratoire; elle n'a pas été lyrique, elle n'a pas été poétique, ou elle ne l'a été que tardivement et sans perdre, dans cette transformation dernière, son caractère essentiel. Ce n'est pas pour elle seule qu'elle écrit. Sa vraie tribune est l'univers.

*
* *

Ce dernier trait explique tous les autres. L'esprit français se confond avec l'esprit universel.

Or, ce qui domine dans l'homme, ce qui fait l'identité fondamentale de toutes les consciences individuelles derrière leur diversité apparente, c'est l'intelligence, c'est la raison. Ce seront donc les facultés d'ordre intellectuel qui, chez le Français, prendront le pas sur les autres.

Rappelons-en les caractères les plus marquants. L'intelligence française est une quintessence de

1. Quinet, *Le Christianisme et la Révolution française*, p. 286.

précision élégante et de finesse avertie. Elle comprend vite et bien, sans se soucier de creuser très avant. Le Français a le travail facile, mais le souffle court. Il peut beaucoup et se contente de peu. Très exigeant lorsqu'il s'agit de satisfaire une curiosité, il l'est beaucoup moins quand il faut, par un effort tenace, répondre à un besoin. Et il laisse à d'autres le soin de réaliser.

Par-dessus tout, il est libre, affranchi des contraintes. En France plus qu'ailleurs, l'esprit souffle où il veut. Son effort sera donc critique beaucoup plutôt que constructif. Il fait la guerre au préjugé, au système, à l'idole. Il travaille pour les autres. Ses audaces ravissent les timides, il agit pour eux. A son contact, on sent qu'on s'affranchit. Il met de l'air dans les chambres closes, il ouvre toutes grandes les fenêtres et souvent, pour aller plus vite, il les brise. Grâce à lui, on se défait de ses idées préconçues, on devient capable de penser par soi-même. On cesse d'être un mouton de Panurge pour réaliser vraiment et pleinement sa personnalité.

De là cette séduction incomparable de l'intelligence française. Elle n'est pas inaccessible, revêche, pédante et doctrinale, elle accueille toutes les idées, provoque toutes les objections, concilie toutes les oppositions. Elle n'est hostile à personne. Même quand elle n'approuve pas, elle comprend trop pour ne pas excuser. Avec elle, d'où qu'on vienne, on se sentira toujours chez soi. L'étranger, dans la France et surtout dans la France intellectuelle, pensante, trouve une seconde patrie, patrie plus large, affranchie des étroitesses et des petitesses de la première. Il s'y détend et s'y humanise.

Et surtout, il est frappé par des qualités de franchise qu'il ne trouve que bien rarement chez lui. La France n'a pas ce qu'on pourrait appeler l'hypocrisie nationale. Elle ne cherche pas à cacher ses tares. Indulgente pour les autres, par curiosité et désir de les connaître, elle est plus sévère pour elle-même. Fanfaronne de vices, a-t-on dit parfois. Non, mais loyale, toujours prête à reconnaître ses erreurs et ses fautes en s'inclinant devant le fait. Ses révolutions et même certains de ses coups d'État ont été de sa part autant de *mea culpa* intellectuels. Elle a essayé des régimes comme un savant essaie des hypothèses, en les corrigeant ou en les rejetant comme autant d'approximations imparfaites ou dépassées. Son instinct démocratique est issu d'un besoin de vérité. La *Déclaration des droits* est en germe dans les premières pages du *Discours de la Méthode* et la République est l'aboutissant nécessaire des règles cartésiennes. Elle s'impose avec la logique d'un théorème, elle est légitime parce qu'elle est vraie.

Cette rectitude de jugement donne à l'intelligence française, jusque dans ses plus hautes généralisations, un caractère nettement pratique. Sa réflexion vise l'action. Non pas d'ailleurs une action à trop longue échéance ni trop minutieusement poursuivie dans ses moindres détails. Il ne faut pas exiger du Français une vision reculée ni un effort soutenu. Il est surtout l'homme des courtes tâches, l'homme du présent. Et si, après un rude coup d'épaules, un bond formidable en avant, il nous surprend parfois par ses lenteurs apparentes, ce n'est pas qu'il s'attarde, c'est qu'il renonce. Si le provisoire est ce qui dure le plus en France, c'est parce que, dans ce pays, ce qui ne se fait pas tout de suite ne se fait pas, ne se fait plus. L'intelligence française est trop impatiente pour s'atteler à des besognes durables. La France est le pays des lancements, elle n'est pas ou elle n'est guère celui des réalisations.

Mais ce défaut — qui peut être grave — n'est-il pas l'indice d'une qualité? Ne prouve-t-il pas une pensée toujours tendue vers la vie, impatiente d'en jouir, mais plus encore désireuse de la façonner et de la modifier? Le Français voit ce qui doit être, s'il ne le fait pas être, faute de s'attacher à la besogne ingrate de poser lentement les moyens après avoir rapidement indiqué la fin. Il est rarement perdu dans le rêve, ou du moins il a des rêves logiques, coordonnés, et qui sont faits pour prendre corps. La France est proprement une « allumeuse ». Elle éveille des désirs, elle excite des énergies. C'est en ce sens qu'elle constitue l'avant-garde de l'humanité. L'avant-garde a pour fonction d'éclairer et d'entraîner le reste de l'armée, c'est elle qui fond sur l'adversaire. Or, n'est-ce pas là très précisément ce que fait l'intelligence française? Elle montre le chemin et elle monte à l'assaut. Qui l'aime la suive.

Et tous l'aiment, tous la suivent. Plus prudentes ou plus lentes, les autres nations, qui forment le gros, lui emboîtent le pas. Elles n'auront rien à y perdre, bien au contraire. Le plus souvent, elles croqueront les marrons que la France, en se grillant parfois les doigts, aura tirés du feu pour elles.

Son intelligence est la plus grande de ses vertus, celle qui explique toutes les autres, sa générosité, sa bonté, son sens de la justice. C'est parce qu'elle comprend qu'elle aime et qu'elle veut. C'est parce qu'elle comprend qu'elle est à la tête de toutes les croisades du droit, de toutes les campagnes en faveur des nobles causes. Son audace même est sa sagesse. A se rétrécir, à se replier égoïstement et frileusement sur elle-même, elle perdrait toute raison d'être. Penser, c'est en réalité sortir de soi pour se fixer un objet : c'est s'épanouir, c'est élargir son horizon, c'est être. L'animal n'est pas parce qu'il ne pense pas. L'humanité est peu parce qu'elle ne pense guère. Et avec quelle lenteur s'évade-t-elle de son animalité !

La France pense. *Cogital, ergo est.* Elle pense,

donc elle est. Elle pense, donc elle fait et elle fait être. Par elle, par sa pensée, les autres sont. Son être, c'est de donner l'être. Elle n'est jamais plus elle-même que lorsqu'en apparence elle s'oublie.

De cette source, l'intelligence française, nous allons voir s'épandre à larges flots le sentiment et l'action de la France.

CHAPITRE II

LA SENSIBILITÉ FRANÇAISE

En matière sentimentale plus qu'en toute autre, le Français nous étonne par ses contradictions. Il semble être à la fois le plus égoïste et le plus généreux de tous les hommes. Le plus égoïste, car personne au monde n'éprouve autant que lui le désir d'affirmer d'abord, d'enrichir ensuite sa personnalité. Il a porté au suprême degré le culte du moi, il l'a érigé en système. C'est en France seulement que peut naître un Barrès — du moins le Barrès d'il y a vingt ans, — c'est en France seulement que peut faire école l'auteur du *Jardin de Bérénice*. Partout ailleurs, l'auteur se heurterait à des résistances sociales pratiquement insurmontables, se sentirait arrêté par le sentiment du devoir ou simplement par celui du respect humain. Ici, rien de tel. L'individu est à lui-même sa propre fin, il se pelotonne sur lui-même, se penche sur ses états d'âme avec le raffinement et parfois la morbidité d'un Goncourt ou d'un Baudelaire. Même quand la formule est plus noble, elle n'est guère moins étroite : c'est la tour d'ivoire et l'isolement hautain d'un Vigny. Un égoïsme spontané qui se systématise en un égotisme volontaire, tel est certainement un des aspects de la sensibilité française.

Mais il en est un autre, et qui semble s'opposer de tous points au premier. Il n'est pas de terre sous le ciel qui ait vu fleurir plus de sacrifices et de plus complets. Sacrifices individuels, don total de la mère à l'enfant, du vieux grognard au Petit Caporal, du révolutionnaire ou de l'anarchiste à l'Idée. Sacrifices collectifs, soulèvement du pays tout entier en faveur des races opprimées, des nationalités asservies. La France est à la tête des Croisades avec un Pierre l'Hermite, favorise l'indépendance grecque, italienne, allemande même au XIXe siècle. La France a vécu, souffert, risqué de mourir pour le monde.

Si accusées qu'elles puissent paraître, ces oppositions se résolvent dès qu'on a la clef du caractère français. La France est un pays d'individualistes, la France est un pays d'intellectualistes. Individualiste, le Français voudra d'abord être tout ce qu'il peut être : il ne consentira pas à se subordonner à d'autres hommes et moins encore à l'état social dont il fait partie. Il sera toujours plus ou moins un hors la loi, un révolté. Mais ce type individuel parfait, il le conçoit comme un idéal et partant il l'universalise. Il ne se contentera donc pas de le vouloir pour lui seul, égoïstement. Il l'érige en vérité, en loi de la raison qui, comme telle, s'impose à tous. Son besoin impérieux de logique le pousse à être juste et la justice prend chez lui cette forme sentimentale de la générosité qui n'est au fond que le trop-plein d'une sensibilité débordante. Ce qui, pour l'individu, n'est qu'un instinct devient un droit dès qu'au lieu d'être désiré pour un seul il est voulu pour tous.

Il n'y a donc pas là, malgré l'apparence, deux tendances qui se combattent. Il n'y a qu'un sentiment qui, peu à peu, se développe en une idée sans rien perdre de sa chaleur. Le Français part de lui-même pour aboutir à l'humanité parce que celle-ci était déjà toute en lui et qu'il se retrouve dans tous les autres.

Insensé, qui croyais que je n'étais pas toi !

I

Le premier et au fond le seul idéal du Français, c'est la *jouissance*. Mais il faut s'entendre.

La jouissance, c'est avant tout le sens du présent. Nul ne le possède davantage, nul n'est plus capable de goûter les minutes qui passent.

D'autres peut-être sauront mieux vivre, d'une vie plus profonde, mais non d'une vie plus intense. Le Français savoure la vie.

De l'heure fugitive, hâtons-nous, jouissons.

Mais il n'est pas un simple. Pour lui, le présent n'est pas seulement ce qui est, il est gros de tout ce qu'il fut et surtout de tout ce qu'il promet. Il est complexe et complet. On sent flotter en lui des ombres du passé, juste ce qu'il faut pour le parfumer sans l'encombrer. Et il mord trop peu sur l'avenir pour en évoquer l'angoisse, il soulève tout juste un coin du voile pour laisser filtrer un rayon d'espoir.

Voyez la Parisienne, petite ouvrière ou femme du monde, frivole ou même cultivée. Elle est toute au présent, à son aimable caquetage, à l'étoffe que frôlent ses doigts, au bibelot sur lequel son œil se pose, à la friandise que touchent ses lèvres. Hier? Demain? Cela fut, cela sera... peut-être. Cela n'est pas. Ce qui est, c'est ce qu'elle fait, au moment où elle le fait. Elle ne vit pas sa vie, c'est trop fatigant, c'est trop long surtout, mais elle vit chaque minute de sa vie, délicieusement.

Voyez La Fontaine, cet adorable dilettante, ce grand enfant très averti. Il ne vit pas, lui non plus, il se laisse vivre. L'avenir n'est qu'un mot vide de sens. Aussi, malgré sa fable, comme il est pour la cigale contre la fourmi! Quelle tendresse pour le prodigue! Quel mépris pour le prévoyant!

> L'homme, sourd à ma voix comme à celle du sage,
> Ne dira-t-il jamais : « C'est assez, jouissons? »
> — Hâte-toi, mon ami, tu n'as pas tant à vivre.
> Je te redis ce mot, car il vaut tout un livre :
> Jouis. — Je le ferai. — Mais quand donc? — Dès demain.
> — Eh! mon ami, la mort te peut prendre en chemin.
> Jouis dès aujourd'hui.

Voyez Musset, cet autre grand enfant gâté. La passion — osera-t-on le dire? — est un peu pour lui une amusette, un passe-temps, jusque dans ses crises les plus sincères, qui sont violentes, mais brèves. Il y voit surtout le plaisir. Et c'est par là qu'il justifie son inconstance.

> Qu'importe le flacon, pourvu qu'on ait l'ivresse!

Chacun prend sa passion où il la trouve et on la trouve un peu partout.

> Et pendant un moment tous deux avaient aimé.

Un moment, le moment, tout est là. Mais un moment vivant et vibrant où la vie se concentre toute. Il vaut mieux, à lui seul, qu'une longue existence monotone et grise, toujours semblable à elle-même, qu'une vie sans cesse différée au dernier jour de laquelle on s'aperçoit désespérément qu'on meurt sans avoir jamais vécu.

N'allons pas croire, au demeurant, que la jouissance ainsi comprise soit un abandon, un morcellement de l'existence. Bien au contraire, elle est enrichissement et progrès : ce qui fait le charme de l'instant, c'est que, sans rompre avec le passé, il le renouvelle sans cesse, il est comme une éternelle résurrection. La vie tout entière devient comme une courbe sinueuse, infiniment variée, qui, à chaque moment de son devenir, s'infléchit dans une direction nouvelle, imprévue et pourtant dessinée dans la précédente. C'est comme un choix perpétuel de soi-même. Si bien que de cette suite de joies brèves sort finalement une personnalité neuve et sans cesse rajeunie.

Il ne s'agit donc pas de la jouissance bestiale, imbécile, de la noce ou de la fête. Celle-là, on la trouve partout et elle n'a rien de proprement français. Tant s'en faut, elle répugne au tempérament de ce pays et tout l'art de la France est de la masquer, d'y ajouter ce je ne sais quoi, ce grain de poésie, ce parfum de rêve qui, en s'y mêlant, enchante et transforme la réalité. Ce qu'il faut au Français, ce sont des sensations rares, de délicates et frêles pensées, point trop appuyées, tout juste indiquées, esquissées, dans un décor à l'avenant, simple et pourtant recherché. Ce sera, par exemple, le jardin cher à La Fontaine, avec quelques arbres, des fruits, des fleurs,

De quoi faire à Margot pour sa fête un bouquet,

et, pour répondre à son besoin d'intimité, assis sur un vieux banc dans l'ombre,

Quelque doux et discret ami,

Mais le Français sait goûter d'autres formes, supérieures et plus exquises, de la jouissance, formes inconnues même de ces délicieux ratés, — car que sont-ils autre chose? — les La Fontaine et les Musset. Ils n'en ont guère saisi, le second surtout, que les apparences extérieures et vaines, puisqu'il leur a manqué ce qui la complète et la parfait, le goût de l'action. Là où il s'ajoute à cette dégustation complaisante de l'heure, il fait de ces « enfants de volupté » des êtres incomparables. Un Voltaire, un Renan, un Anatole France ne vivent-ils pas, eux aussi, eux surtout, dans l'instant et pour l'instant, mais en se mêlant à la vie au lieu de simplement la contempler? Qui a plus puissamment compris le présent, qui en a joui avec plus de force que Victor Hugo, le barde de l'action? Et ce qu'il y a de plus français dans la philosophie d'un Bergson, n'est-ce pas sa théorie de la durée, c'est-à-dire cet effort de l'esprit pour s'arracher au temps inerte et monotone et pour jouir, dans une intuition active et une réalisation incessante, de l'épanouissement et du jaillissement d'une âme qui ne cesse de se refaire?

La vraie jouissance, c'est la jouissance de soi, c'est donc l'affirmation de soi. C'est à son désir de jouissance que le Français doit la richesse et la fraîcheur de sa personnalité. Il lui doit d'être lui-même, d'être un « moi pur », libre, créateur, mais avant tout un *moi*, une individualité qui se caractérise. Le Français refuse d'être confondu avec la masse, d'être *unus e multis*, une brebis dans le troupeau. Jusque dans ses moments du plus grand enthousiasme, et du plus sincère, il est incapable de se déprendre de soi.

Aussi écartera-t-il impitoyablement tout ce qui le gêne. Il n'a que la prévoyance du désir, celle qui sacrifie, non pas le présent à l'avenir, mais l'avenir au présent. C'est la midinette qui, pour un colifichet, se passera de son dîner du soir. C'est surtout cette baisse inquiétante et régulière de la natalité française : on réduit au minimum le nombre des enfants, ces petits gêneurs qui en deviendront de grands et qui, en attendant, commencent par être de méchants trouble-fêtes : il empêchent les sorties du soir, ils brouillent le teint et ils abîment la taille des futures mamans, ils accaparent les minutes exquises qu'on eût si volontiers passées devant la psyché du couturier ou l'étalage du confiseur.

Disons plus. L'enfant même, quand il vient, est au début moyen de jouissance plutôt qu'objet de devoir. C'est une poupée vivante et plus amusante qu'une autre, un joujou animé. On le pomponne, on le cajole, on l'aime pour soi plus que pour lui.

Mais, insensiblement et sans presque y songer, du plaisir on passe à l'affection, de l'affection au dévouement, du dévouement au sacrifice. Toute l'évolution sentimentale et morale du Français traverse ces phases. Il n'est pas un kantien, un rigide, il n'est pas l'homme de la règle. Même quand il se donne, il fait encore ce qui lui plaît.

C'est que toute volupté a besoin de se fixer sur un objet et de se complaire en lui. Jouir d'une chose, c'est la vouloir pour elle-même et non pour l'utilité qu'elle vous procure, c'est ériger le moyen en fin. Et, par là, il y a dans la jouissance le germe du désintéressement; elle ignore le calcul, elle le proscrit, elle n'est donc pas proprement égoïste. Très vite, elle crée un attachement pour ce qui la cause. Et, puisqu'il s'agit de plaisir, cette cause est toujours toute proche, à portée de la main. C'est la femme qu'on couvre de bijoux, l'enfant qu'on étouffe sous les caresses; le foyer qu'on orne et qu'on décore.

La jouissance crée donc des sentiments et, chez le Français, ces sentiments sont toujours *intimes*. Il lui faut de l'immédiat, dans l'espace comme dans le temps. Il ne peut vraiment s'attacher qu'à ce qui l'entoure, qu'à ce qui l'enveloppe. M. Barrett Wendell montrait combien le mot français de « foyer » a, quoi qu'on en pense, plus de chaleur et plus de profondeur que le mot anglais de « *home* ». Il exprime l'ensemble, la réunion de tous les êtres chers et de tous les objets aimés. « Pour le Français, le foyer est l'endroit où

la famille se trouve toute en un chacun [1]. » « Pour
le respect tendre du sens, on en vient quelquefois
à penser, que, par sa plénitude, le terme *foyer* est
plus parfait qu'aucun mot de notre langue [2] ».
Aimer un être ou une chose, c'est les faire rentrer
dans ce cadre familier. En dehors de lui, il peut y
avoir des camaraderies, des relations mondaines,
il n'y a plus proprement d'affection.

La patrie même ne sera guère plus qu'une
famille élargie, la plus grande famille. Le Français
la chérit plutôt qu'il ne la veut, il a pour elle des
tendresses plutôt que des ambitions. Il est rare de
le voir aspirer à une « grande France », beaucoup
plus rare que de voir l'Allemand exiger la « grande
Allemagne » ou l'Anglais, « la plus grande Bretagne ».
Dans une France par trop agrandie, il lui semble
qu'il se perdrait. Si d'aventure il la demande, c'est
surtout par attachement à l'homme qui l'incarne.
En acclamant Napoléon, ce qu'il applaudit, c'est le
« grand empereur » plutôt que le « grand empire ».
Au fond, il n'y a pas, exception faite de quelques
individualités, d'impérialisme français. Pour la
même raison, le Français n'a guère l'orgueil de ses
colonies. Elles ne font pas, comme pour le Britannique ou le Germain, partie intégrante de lui-même.
Elles sont trop loin, trop déracinées du sol natal.
Elles ne rentrent pas dans la mère-patrie. Qui dit

1. B. Wendell, *La France d'aujourd'hui*, p. 127.
2. *Id.*, *ibid.*, p. 128.

patrie ne dit pas tant puissance qu'intimité.

L'amour n'est donc qu'une jouissance plus délicate et plus féconde. Fénelon, ce Français de Gascogne, a bien compris son caractère : « Nous aimons à aimer ». Aussi cet amour implique-t-il toujours quelque chose d'exclusif, de personnel, un désir de possession. Voyez la mère française, et surtout la plus admirable. Son amour est une passion. Il en a toutes les vertus, mais aussi toutes les étroitesses. Rien n'égale les soins qu'elle donne à son enfant, vingt fois depuis sa naissance elle l'aura arraché à la mort. Mais son enfant est *son* enfant, sa propriété, sa chose. Elle le couve, elle le veut pour elle. Elle est jalouse de lui comme une maîtresse de son amant, jalouse du gendre qui lui prend sa fille, plus jalouse peut-être de la bru qui lui vole son fils. Elle aime son enfant parce qu'elle en jouit, parce qu'il est un morceau d'elle-même. Elle l'aime farouchement, égoïstement, même et surtout quand elle s'oublie pour lui.

Et cela se concilie parfaitement avec la baisse de la natalité que nous signalions tout à l'heure. Le Français, comme toujours, ne se contredit ici qu'en apparence. Nul n'aime plus les enfants qu'il a, nul n'aime moins à en avoir et surtout à en avoir trop. Un peu pour le mal que cela lui cause, beaucoup plus pour le tort qu'il s'imagine leur faire. Si la France est le pays de l'enfant unique, c'est parce que les parents ne veulent pas lui donner de rival dans leur cœur ni, plus tard, à leur mort, de concurrent dans le partage de leurs biens.

C'est en même façon que le Français comprend la passion. Elle est chez lui plus fougueuse que profonde, faite surtout de crises et d'emportements. Elle explose plus qu'elle ne se concentre. Aussi lui faut-il toujours un aliment. Le Français est rarement l'homme d'un seul amour, il ne vit pas dans le passé. Même chez un Lamartine, pour qui se prolonge éternellement l'image de son Elvire, il faut, après la mort de l'adorée, d'autres êtres sur qui fixer son inlassable besoin de tendresse. Quant à un Musset, son âme aux sincérités changeantes, si parfois elle nous effare par la violence de sa douleur, ne nous surprend pas moins par sa rapide faculté d'oubli. Le vrai, c'est que la dévotion éperdue à un être n'implique pas, aux yeux du Français, qu'il s'agisse toujours du même objet d'adoration. Il peut changer, pourvu qu'il soit.

Il faut aimer sans cesse après avoir aimé.

Mais, en dépit de ses variations possibles sur le même thème sentimental, l'amour, en France, reste terriblement exclusif et jaloux. Il faut qu'il se satisfasse, fût-ce aux dépens de ce qu'il aime. Les Hermione s'y appellent légion, depuis la dame du plus grand monde jusqu'à la fille des rues. Elles manient aisément le revolver, quand ce n'est pas le vitriol.

Et les maris trompés plus encore. Le crime passionnel est un crime bien français et qui, comme tel, bénéficie de toutes les indulgences.

Théâtre et roman reflètent à qui mieux mieux ces préoccupations sentimentales. Le grand thème en est l'adultère, sous toutes ses formes, des plus pimentées aux plus suaves. Le public ne s'en lasse jamais et c'est un peu un tour de force de l'intéresser à autre chose. Sous mille et une formes il réentendra et redemandera le *Supplice d'une femme*. Indulgent, pour ne pas dire sympathique aux faiblesses, il réserve toutes ses sévérités pour la vertu. Il est d'instinct avec l'amant contre le mari. Il n'a ni les indignations pudiques d'Albion ni le sentimentalisme virginal, si l'on peut dire, de Germania. Son héroïne est la femme mariée et non la jeune fille, sauf le cas où il s'agit de la fille-mère ou de la fille abusée. C'est la femme, la femme trahie, la femme tentée, la femme tombée. « Il lui sera beaucoup pardonné parce qu'elle aura beaucoup aimé. » L'amour est la grande excuse parce qu'il est le grand attrait.

Ainsi s'explique le peu d'importance relative qu'on attache à la fidélité conjugale du mari, — car la femme honnête, quoiqu'on en pense, surtout à l'étranger, est la règle et non pas l'exception en France. Mais l'homme est plus volage et, à ses yeux, ses fredaines ne tirent guère à conséquence. Après avoir été spectateur des passions d'autrui, son insatiable curiosité le transforme souvent, au degré près, en acteur. Ses escapades le ravissent, il n'a pas l'impression de trahir la foi jurée : caprice des sens et plus encore de l'imagination où le cœur n'est pour rien. Il n'est pas paradoxal de dire que souvent il n'aime jamais plus sa femme que le jour où il l'a trompée.

Le spectacle qui secoue les nerfs, l'aventure sans lendemain qui vous fait vivre un instant une apparence de roman, tout cela est bien français, car tout cela est du présent, de l'instantané, de l'intense, tout cela répond au besoin d'agitation et d'effervescence de la race.

Bonne race au demeurant, précisément parce qu'elle est légère. « La conscience française est courte et vive. Le Français est étourdi, il oublie vite le mal qu'il a fait et celui qu'on lui a fait[1]. » Vivant toujours la minute présente, le Français ignore la haine, parce qu'il est oublieux. Haine et rancune sont le propre de peuples lents à sentir, mais chez qui l'impression, une fois gravée, ne s'efface plus. Le Français ne sait pas haïr, l'Allemand le sait à merveille. Il y apporte une ténacité et une méthode qui épouvantent ceux qui peuvent les soupçonner. A-t-il subi un affront individuel, une défaite nationale ? « Vous n'avez aucune idée, vous autres Français, de la haine qui éclate

1. Renan, *Réforme intérieure et morale*, p. 50.

dans de telles occasions... Vous êtes prompts et superficiels dans la haine comme dans l'amour[1]. » N'eût été la blessure toujours saignante de 1870, l'Alsace meurtrie et plus encore peut-être l'attentat commis contre le droit, la France ne se serait guère souvenue de ses revers. Ne recommençait-elle pas, dans les années qui précédèrent 1914, à se montrer accueillante au Germain, à lui ouvrir toutes grandes les portes de ses usines et de ses maisons de commerce? Et son manque de préparation militaire, sa confiance naïve et généreuse dans la paix définitive ne prouvent-ils pas qu'elle n'avait que trop oublié? Elle attendait sa revanche, non de la force, mais du droit. En tout cas, elle ne haïssait plus. L'Allemand, lui, s'était férocement souvenu. Nous lui avions presque pardonné sa victoire ; il ne nous avait pas pardonné notre défaite.

« La résolution que la France tient le moins, a dit Renan, c'est celle de haïr[2]. » Mais prend-elle vraiment des résolutions? N'a-t-elle pas toujours conservé, avec « l'étourderie de la jeunesse[3] », son insouciance et son impulsivité? Le sentiment, chez le Français, a toujours l'aspect d'un entraînement.

Et puis, c'est si ennuyeux de haïr, et si fatigant!

1. Heine, *L'Allemagne*, t. I, p. 94.
2. Renan, *Réforme intérieure et morale*, p. 208.
3. Heine, *Lutèce*, p. 273.

Il y faut songer sans cesse. Le Français ne sait pas s'ennuyer, ni se fatiguer. Il préfère aimer, c'est plus agréable, plus naturel, plus facile. Une parfaite indifférence, c'est, après de courtes révoltes, tout ce qu'on peut attendre de lui. Il a une sensibilité vive plutôt qu'une sensibilité forte. Il est un délicat plutôt qu'un robuste. Comment éprouverait-il ces « haines vigoureuses » que dit le poëte ? Et sans vigueur, il peut encore y avoir de l'amour, de la tendresse ; il n'y a plus de haine, car si la haine n'est pas forte et durable, elle n'est pas.

Les mêmes raisons qui empêchent le Français de haïr l'incitent à admirer. Il est facilement enthousiaste. Plus d'une fois il en a pâti. « Cet enthousiasme fut toujours la cause de ses désastres [1] ». Il crée des emballements irréfléchis, trop souvent suivis d'abattement. C'est lui qui fait battre la France à Crécy, à Fontenoy, qui sait ? à Charleroi peut-être. C'est lui qui, au début de la guerre, inspire à tel de nos généraux cette prophétie aventureuse : « Avec de telles troupes, on enfoncera tout. » C'est lui qui nous a parfois engagés dans des offensives précipitées d'où nous avons tiré plus de gloire que de profit. C'est lui enfin qui a suscité tant d'engouement pour un homme, Napoléon Ier, et parfois pour un nom, Napoléon III.

1. *Id., de l'Angleterre*, p. 115.

Mais c'est lui aussi, lui surtout, qui assure ses plus belles conquêtes. D'autant que, chez ce peuple à la fois ardent et sage, le bon sens sait tempérer l'ardeur sans la briser. C'est alors l'enthousiasme, doublé d'énergie contenue, qui fait la poussée de la Marne ou la résistance de Verdun. Il est la vertu des minutes tragiques comme il est le ferment des minutes heureuses. Il est une foi, la seule qu'on puisse attendre d'un peuple qui vit dans le présent, la foi dans l'effort actuel et dans l'action imminente. L'enthousiasme ne vise pas l'avenir, il est une crise, crise féconde d'où, brusquement, jaillit un résultat. C'est l'enthousiasme qui fait les révolutions, les coups d'État, les coups de force d'où sort un peuple et quelquefois un monde.

Cet élan et cet allant expliquent l'altruisme joyeux et allègre de la France. Elle n'a pas grand mérite à être vertueuse, car sa vertu n'est pas pénible et morose, ne suppose pas une volonté sans cesse raidie pour contraindre une nature qui se révolte. De cette vertu disciplinaire à laquelle se plient les cervelles allemandes la France ne serait guère capable, non plus sans doute que de ce *self-control* dont est susceptible l'Anglo-Saxon. Mais il est une vertu toute différente, une vertu naturelle, instinctive, un don de soi spontané pour tout ce qui élargit la pensée, exalte les tendances généreuses. Vertu plus facile, je le veux, mais qui, si elle suppose moins de mérite, a en elle plus de valeur vraie. Cette vertu-là, comme le dit Renan, la France l'a « dans le sang » et elle y « surabonde [1] ». Etre vertueux, pour le Français, ce n'est pas vouloir, c'est frémir, c'est vibrer, c'est vivre. Oh! « le cœur exubérant, si facile et si bon, si charmant de la France! [2] ». Cœur débordant, trop petit pour se contenir et qui, guidé par une intelligence éprise de clarté, se dilatera jusqu'à ce qu'il soit assez large pour envelopper toute l'humanité.

II

Nous n'avons encore vu que ce qu'il y a de plus superficiel dans la sensibilité française. Elle respire la joie de vivre, elle a le sens aigu et précis du charme des choses. Le Français, seul peut-être avec l'Italien, est capable d'éprouver ces jouissances raffinées, sensuelles et pourtant poétiques à leur manière, qui sont dues à ce qu'on pourrait appeler une exacte adaptation sentimentale à son milieu. Mais il fait plus : ces jouissances personnelles, il les complète, les élargit, les universalise par la raison. Humaniste d'abord, il sait devenir pleinement humain.

1. Renan, *Discours et conférences*, p. 196.
2. Michelet, *Histoire de France*, t. XIX, préface, p. XVI.

S'il n'était qu'un délicieux dilettante, il ne dépas-
serait guère le niveau d'un petit animal de choix,
il se contenterait de jouer avec ses sensations et
ses sentiments. Parfois le Français s'en tient là, et
plus encore la Française. Plus d'une Parisienne
n'est qu'une Célimène, plus d'une provinciale tend
à le devenir. Et, pour un Alceste que leur coquetterie fait souffrir, que de Philinte qu'elle amuse,
que d'Acaste qu'elle enchante ! De là cette société
charmante, agaçante et vide, ce monde des salons,
des premières, des *five o'clock*, cette mousse qui
pétille et que l'étranger, ébloui, prend souvent
pour la France.

La vraie France n'est pas là, elle possède ces qualités, sans doute, mais comme on possède une
parure. Le sentiment, si exquis ou si profond qu'il
puisse être, a tôt fait de se dissiper en paillettes
étincelantes s'il n'est pas contenu ou dirigé par
l'intelligence. Il lui offre une matière à laquelle
elle imprimera sa forme afin de l'universaliser. Le
propre de l'intelligence française sera de trans-
former des affections spontanées en idéaux juridi-
ques.

Pour ce faire, il faut que le sentiment soit déjà
une idée en puissance ; il l'est. Parlant de l'amour
de la famille, un de nos plus judicieux admirateurs
montrait que ce pur « instinct sentimental [1] » était
« fondé sur un sentiment très juste des lois natu-

1. B. Wendell, *La France d'aujourd'hui*, p. 114.

relles [1] ». Et il en est de même de nos autres affections. Le Français, généralement, n'aime pas à faux. Il est un intuitif; or, l'intuition est une raison enveloppée qui saisit dans l'instant ce que l'analyse développera ensuite dans le temps. Elle n'atteint pas simplement le fait, il y a déjà en elle comme un pressentiment obscur de la loi qui le commande, du rythme selon lequel il se réalise. Si, par exemple, le Français a plus et surtout mieux que quiconque le sentiment de la famille, c'est parce qu'il voit ou plutôt devine en elle la condition la plus favorable à l'épanouissement de son individualité. Et il en va toujours de même. Selon le mot profond de Pascal, c'est par le cœur qu'il connaît. Connaître, c'est s'assimiler son objet, donc sympathiser avec lui. L'intelligence n'interviendra qu'ensuite pour démontrer, pour justifier ce que le sentiment, d'instinct, aura trouvé.

En France, la sensibilité est proprement inventive et par là déconcertante. Dans le cours ordinaire des choses, le train-train monotone de l'existence quotidienne, elle semble être esclave de ses habitudes, limitée au cercle étroit dans lequel l'être se meut. Mais elle est capable de sursauts imprévus. On peut « tenir *a priori* pour probable que la conscience française aboutira, sous l'étreinte de circonstances uniques, aux manifesta-

1. *Id., ibid.*, p. 115.

tions les plus inattendues [1] ». L'histoire de la France est tout entière le produit de sentiments originaux et forts, donnés une seule fois et qui ne se reproduiront jamais sous la même forme. Elle suppose, à certains moments d'exception, une solution neuve jaillissant des profondeurs de l'être, insoupçonnée de tous, à commencer par celui qui la prend, au moment même où il la prend, en un mot un acte libre. La France est bergsonienne à sa façon; pour elle, son avenir est sans commune mesure avec son passé. « Ce qui est sans précédents n'a jamais fait peur à la France [2] ». L'émotion créatrice et révélatrice, qui défie toute prévision, voilà le principe selon lequel elle se fait.

Principe de divination qui peu à peu et sans qu'il s'en aperçoive élève l'individu au-dessus de lui-même. L'émotion est individuelle, c'est entendu, mais elle contient en soi de quoi se dépasser. L'émotion, c'est le choc sentimental subit, la prise de conscience immédiate de la réalité présente et son retentissement sur tout l'être psychologique. Très émotive, la sensibilité du Français sera donc aisément éveillée et s'attachera passionnément à son objet. Or, comme la diversité des conditions d'existence offrira, selon les cas, d'autres objets à l'attention, l'émotion variera d'homme à

1. Renan, *Réforme intérieure et morale*, p. 115.
2. E. Wharton, *L'âme de la France*, Revue de Paris du 15 février 1916, p. 674.

homme. Mais, dans cette diversité même, un trait commun se retrouve, ce caractère d'*intimité* que le Français attache à tout ce qui le touche de près, cette chaleur communicative de l'ambiance. Le Français s'adapte, je dirai presque s'acoquine à ce qui l'entoure et ne sait guère s'affranchir de la suggestion qu'il subit. De là ces sensibilités spécialisées, localisées. Toute la gamme des égoïsmes se retrouverait en France, sauf peut-être l'égoïsme strictement personnel : égoïsme familial, patriotisme de clocher, sectarisme religieux, franc-maçonnerie de métier, camaraderie qui va parfois jusqu'à la complicité. Le petit groupement dont il fait partie exerce un pouvoir presque tyrannique sur ce prétendu libéré. Une rupture d'habitudes va rarement pour lui sans un déchirement sentimental. La France est bien, comme l'avait vu Rousseau, le pays des « âmes sensibles ».

Et cela crée déjà, qu'on le remarque bien, un premier degré d'universalité entre ces consciences divisées. Partout on rencontre un but commun, un point de convergence pour les êtres les plus disparates : pour les époux, l'enfant; pour les fidèles, leur paroisse; pour les soldats, venus des quatre coins de la France, leur régiment et, dans le régiment, leur compagnie, leur escouade, leur chambrée. La France est le pays des petites chapelles.

C'est aussi le pays des cancans et des potins. Et

là encore, ce qui réunit les esprits, c'est ce premier objectif commun : dire du mal des autres, c'est surtout penser du bien des siens; on les défend contre tout ce qui n'est pas eux en rabaissant les mérites étrangers. Ce souci de dénigrement, de « chinage », bien français lui aussi par tant de ses côtés, est un mélange inattendu de l'esprit critique et de l'esprit de famille. Ce dernier, à sa façon, socialise les consciences, les unit dans des affections et plus encore dans des hostilités communes. Un foyer, un métier ou une région font ainsi l'union des âmes.

Mais ils la font contre d'autres âmes, nous venons de l'indiquer. De là les seules haines qui, chez cet être mobile, conservent une certaine persistance parce que leur objet est toujours présent, les haines intestines. On détestera surtout son voisin. Son plus grand tort est d'être à votre porte, et de n'être pas vous, ni les vôtres. Les querelles de village à village sont la règle. Le gros bourg en veut au chef-lieu de canton, celui-ci à la sous-préfecture et la sous-préfecture au chef-lieu du département. Le patriotisme, en temps normal, n'est jamais plus développé que dans les départements-frontières.

En matière d'idées ou de croyances, cette hostilité ne connaît plus de bornes. La seule chose que le Français ne pardonne pas, c'est qu'on pense autrement que lui. C'est sa passion pour la vérité qui le rend sectaire; puisqu'il la détient, toute opinion contraire à la sienne est détestable et condamnable. Quiconque la professe est par conséquent un ennemi personnel. « Aucun Français ne peut haïr aussi profondément un étranger qu'il hait les Français réfractaires à ses propres opinions[1]. » La guerre civile est toujours à l'état endémique en France.

On voit par de tels exemples à quel point l'intelligence pénètre la sensibilité française. Si le Français aime ses aises, et si cet amour est souvent à la racine de ses plus chaudes affections, il aime encore plus ses idées, toujours prêt à être le martyr de sa logique. Illogisme est pour lui synonyme d'hérésie. Les bûchers du moyen-âge et les échafauds de la Révolution ont surtout frappé, à travers les crimes contre la foi ou contre le régime politique, des erreurs de jugement. En dépit du proverbe, en France, erreur est crime.

Mais si déjà cette intelligence se retrouve dans des sentiments étroits et pour ainsi dire partiels, avec quelle puissance ne se manifestera-t-elle pas le jour où seront en jeu des émotions communes! Ce jour-là, il se produit en France une fusion et comme une identification de toutes les âmes qui ne se voit que bien rarement ailleurs. C'est plus et mieux qu'une « union sacrée », c'est une unité totale.

1. B. Wendell, *La France d'aujourd'hui*, .186.

Nous avons connu plus d'une fois, dans la joie ou dans le deuil, de telles journées de communion nationale. C'est la France tout entière qui s'est dressée avec Jeanne d'Arc, c'est la France tout entière qui a démoli la Bastille. Et, plus près de nous, qui ne se rappelle la physionomie du pays le jour de la déclaration de guerre? Jamais la nation n'avait été plus effroyablement et, en apparence, plus irrémédiablement divisée, pour ne pas dire émiettée. Sous le couvert d'apparences pacifiques toutes superficielles, on ne voyait que partis dressés contre partis et presque individus contre individus. Dans les Chambres, les luttes politiques, plus violentes que jamais, opposaient moins une idée à une idée qu'elles ne mettaient aux prises de misérables ambitions personnelles; groupes et sous-groupes se ruaient à la conquête du pouvoir. Au dehors, ouvriers contre patrons, réactionnaires contre républicains, catholiques contre libres-penseurs, tous semblaient également engagés dans des conflits sans issue où l'intérêt général disparaissait devant des compétitions de sectes. Et l'Allemagne, avec sa psychologie sommaire (de plus fins, d'ailleurs, s'y seraient trompés), l'Allemagne, forte de son unité et de sa discipline morale, comptait sur cette anarchie sentimentale pour favoriser ses desseins. L'assassinat de Jaurès était la goutte d'eau qui devait faire déborder le vase, et la déclaration de guerre l'étincelle qui devait mettre le feu aux poudres.

Et voici qu'au contraire, dans ces consciences passionnées, mais illuminées par l'imminence du danger, surgit une seule et même image, une seule et même pensée. C'est la révélation d'une union profonde, d'une unité essentielle. Et quel était donc ce miracle? *La France avait compris*, « compris tout de suite qu'il s'agissait de son honneur, de sa vie, de la liberté du monde[1]. »

Comprendre, tout est là pour elle. Elle comprend toujours et toujours à temps, fût-ce au bord de l'abîme. Toute communion de sentiments procède ici d'une communion de pensées. L' « union sacrée » ne fut celle des cœurs qui battaient en commun que parce qu'elle fut celle des esprits qui concevaient ensemble. Ailleurs, on comprend moins bien ou moins vite, donc on sent moins juste, si l'on peut dire. Les aberrations révolutionnaires de la Russie actuelle viennent d'un contresens sentimental que la France, si elle l'eût commis peut-être, aurait en tout cas aussitôt réparé. Ses réflexes impliquent déjà réflexion. Les Français, trop individualistes et trop individualisés pour ne pas être presque toujours en conflit, ne s'entendent que dans des circonstances exceptionnelles, quand un intérêt supérieur est en jeu. Mais alors, brusquement, tout change. « Quand une émotion commune se manifeste comme étant largement, profondément,

1. Lavisse, *Bonne Année*, Revue de Paris du 1er janvier 1916, p. 12.

éternellement humaine, alors elle s'étend sur toute leur existence avec une force et une tendresse merveilleuse[1]. »

Et cette communion est instantanée. Voyez comme elle est plus lente à se produire en Amérique ou en Angleterre. L'individu, en un sens plus libre, plus indépendant, y est certainement plus isolé; il lui faut du temps pour rejoindre les autres individus. Il lui a fallu du temps pour sentir parce qu'il lui en a fallu pour comprendre. Après combien de mois, pour ne pas dire d'années, la Grande-Bretagne s'est-elle tout entière levée contre les « Huns? » Et les États-Unis, s'ils se sont de plus en plus engagés dans la grande guerre, n'y sont entrés qu'après bien des efforts et, au début, non sans résistance. L'enthousiasme est venu, mais il fut tardif.

Quant à l'Allemagne, c'est encore plus simple, Elle ne comprend ni ne sent. L'individu n'existe pas chez elle, son âme n'est jamais qu'un écho. Elle répercute le mot d'ordre venu d'en haut, exécute le mouvement commandé. Si l'on en excepte les besoins physiques élémentaires — ils sont d'ailleurs énormes — et les révoltes possibles, encore qu'assez peu probables, de la faim, on ne trouve pas chez le Germain, ce constructif, l'intuition spontanée qui déclanche les réactions unanimes et généreuses. En France, au contraire, où la per-

1. B. Wendell, *La France d'aujourd'hui*, p. 191-2.

sonnalité est à la fois plus accusée que chez les Anglo-Saxons et plus socialisée (bien qu'en un tout autre sens et pour de toutes autres raisons) que chez les Allemands, elle ignore les hésitations des uns et la passivité des autres.

Dans l'acception la plus rigoureuse du terme, le sentiment français devient alors un sentiment *religieux*, une unité de conscience. Celle-ci est rare, elle n'offre aucun caractère confessionnel ; si elle est une foi, c'est la foi dans un idéal laïque, rationnel, humain. Mais, quand elle est, elle est absolue.

Ainsi, parti de l'affection et de la plus immédiate, la jouissance, le Français s'élève à la forme la plus impersonnelle et la plus universelle du sentiment, la conscience. La conscience, c'est comme la synthèse du sentiment et de la pensée, le sentiment qui se pense, se juge et se justifie en raison.

Cette conscience se manifestera surtout en deux grandes occasions. Il y a deux sortes de sentiments auxquels l'âme de la France est particulièrement accessible : le sentiment national et le sentiment humanitaire.

Selon les époques, c'est tantôt l'un, tantôt l'autre qui prend le pas, sans que d'ailleurs ils soient jamais complètement séparés. Dans la paix, le Français est surtout humanitaire, fût-ce parfois aux dépens de son pays. Il ne parvient pas à comprendre que les relations de peuple à peuple puissent être autres que de concorde et même d'amour. Une patrie est d'ailleurs trop étroite pour contenir son besoin d'expansion et de généralisation.

> L'égoïsme et la haine ont seuls une patrie,
> La fraternité n'en a pas.

Il ne rêve rien moins qu'une « République universelle » avec Victor Hugo, ou, avec Vigny, ce soldat pourtant, il appelle de tous ses vœux « le temps où les armées et la guerre ne seront plus, et où le globe ne portera plus qu'une nation unanime enfin sur ses formes sociales[1]. » Et il s'exclame avec Sully-Prudhomme :

> Je suis un citoyen du monde.

Mais vienne la guerre, la révélation de l'impossible, l'inimaginable réalisé, et il se reprend d'autant plus farouchement qu'il s'était plus complètement donné.

> Naguère ainsi, je dispersais
> A tous les vents ce cœur français.
> J'en suis maintenant économe.

Victor Hugo lui-même, l'apôtre du pacifisme, écrira dans l'*Année terrible*, après la violation du droit commise par l'Allemagne :

> Une dernière guerre, hélas ! il la faut, oui.

Mais qu'on ne s'y trompe pas ! L'idéal national et l'idéal international ne font qu'un aux yeux du

____
1. Vigny, *Grandeur et servitude militaires*, l. I, ch. I.

Français. Ce qu'il voit dans l'humanité, c'est une France élargie, avec tout ce qu'elle représente à ses yeux de tendresse compréhensive. Il a l'instinct profond qu'il n'est jamais plus humain que lorsqu'il affirme ses qualités de race et que, même en faisant la guerre, ou plutôt en résistant à qui la lui fait, c'est la paix et, par la paix, le bonheur qu'il apporte au monde.

Générosité, généralité, les deux choses vont de pair. La France est conduite à l'humanité par la raison. Elle « généralise les appels à la sympathie humaine[1]. » Corneille disait : « On aime quand on veut. » Plus modeste et peut-être plus vraie, elle répond : « On aime quand on comprend. » Et à cette compréhension on ne peut assigner de limites, car toutes peuvent être déplacées et, le pouvant, doivent l'être. Pourquoi s'arrêter à mi-route, à la famille, à la patrie, à la civilisation même ? Pourquoi ne pas pousser jusqu'à l'humanité ? Il n'y a pas les droits du Français, ni même les droits de l'homme blanc, il y a les droits de l'homme. C'est la logique qui exige la justice et le Français est un logicien impitoyable. « Je ne connais pour les esprits aucune sécurité hors de la logique, et il semble que notre pays soit constitué de manière, non pas à goûter le repos, mais à se travailler sans cesse au profit du monde[2]. »

1. B. Wendell, *La France d'aujourd'hui*, p. 297.
2. Quinet, *L'enseignement du peuple*, p. 35.

C'est que, tout en étant puissamment individualiste et parce qu'il l'est, le Français sent, d'abord
que, pour que l'individu se réalise, il faut que le
monde soit, ensuite que le seul objet capable de
satisfaire pleinement le désir individuel, c'est
celui dans lequel il embrassera l'universel, l'universalité des êtres et des choses. « J'aime l'univers », a dit, sous mille autres formes, après le
Stoïcien, notre grand poète national, Victor Hugo.
Et n'est-ce pas, magnifiée mais saisie dans son
essence intime, l'âme française qu'il définit dans la
sienne, cette « âme aux mille voix »

> Mise au centre de tout comme un écho sonore ?

Elle rayonnera donc dans toutes les directions
et par suite l'individualisme du Français revêt un
caractère social qui surprend l'étranger et plus
particulièrement l'Américain. Sa loi de développement semble consister à incorporer le plus possible
sa sensibilité personnelle à un ensemble, famille,
corporation, patrie, société. « Dans toutes les circonstances de la vie, la conscience sociale, la sensibilité sociale, l'enthousiasme social des Français
sont plus nettement développés que cela n'arrive
habituellement chez nous autres, Américains ou
Anglais[1]. » Le Français a des joies collectives ou
plutôt c'est dans la collectivité qu'il puise la source
de ses joies personnelles. Sa sociabilité est fonc-

1. B. Wendell, *La France d'aujourd'hui*, p. 208.

tion de son intellectualité. L'instinct, chez lui, aboutit toujours à l'idée et l'individu à l'humanité.

Michelet, cette âme ardente entre toutes les âmes, a plus fortement que quiconque dégagé, après ce qui fait la patrie française, une grande « Amitié », ce qui fait l'humanité française, la « Fraternité ». Comment salue-t-il la *Marseillaise*, notre hymne national? « C'est un chant de fraternité... C'est un chant qui, dans la guerre, conserve un esprit de paix [1]. » Plus que l'*Internationale* elle-même, qui n'est encore que le chant d'une portion de l'humanité, celle qui travaille, la *Marseillaise*, adoptée par tous les peuples libres, ou qui aspirent à le devenir, est le chant de toute l'humanité. Et comment se définira la France elle-même? « Cette nation, considérée ainsi comme l'asile du monde, est bien plus qu'une nation, c'est la fraternité vivante [2] »

On le lui a parfois reproché. Renan ne s'en fait pas faute. « Elle s'éprend trop vite pour l'utopie généreuse [3] ». Elle croit trop aisément que tous les autres sont comme elle et ne demandent qu'à l'aimer. Michelet lui-même, par ailleurs si sensible à cette qualité, ne peut s'empêcher parfois de manifester une ombre d'inquiétude. Ainsi, à propos du grand mouvement de 1789, il écrit : « Ce fut sa

---

1. Michelet, *Le Banquet*, p. 256,
2. *Id.*, *Le peuple*, p. 317.
3. Renan, *Discours et conférences*, p. 195,

glorieuse erreur, sa faiblesse, touchante et sublime :
la Révolution, il faut l'avouer, commença par aimer
tout [1] ».

Est-ce vraiment une erreur? une faiblesse? On
en peut douter. En tout cas, c'est une vocation. Et,
du jour où la France y renoncerait, on se demande
ce qu'il adviendrait d'elle. Il faut qu'elle aille à
l'idéal, aux tâches les plus nobles, ou qu'elle dispa-
raisse. Si elle agissait autrement, elle se contredirait. Sa raison d'être est de sortir de soi. Une
intelligence aussi fine, une sensibilité aussi pénétrante ne sauraient s'arrêter à mi-route, encore
moins se recroqueviller sur elles-mêmes. Tout ou
rien, en dépit de son esprit de mesure, c'est un
peu la devise de la France. Elle peut à la rigueur
périr, elle ne peut pas être médiocre et, si elle
doit vivre, c'est pour se donner.

1. Michelet, *Histoire de la Révolution française*, Préface, p. XLI-II.

CHAPITRE III

L'ÉNERGIE FRANÇAISE

Voici, dit-on, le péché mignon de la France : elle pense, elle sent, elle n'agit pas. Elle périt, faute de volonté. La tête est solide, le cœur chaud, mais elle manque de muscles. Dès l'instant qu'après avoir conçu, il faut se raidir pour réaliser, elle fléchit. Elle est le pays de l'intelligence, elle n'est pas le pays de l'effort.

Ce qui fait son charme ferait ainsi sa faiblesse. Si elle attire l'étranger, c'est parce qu'il trouve en elle un lieu de repos, de détente. Paris est un oasis ; il rafraîchit, mais il ne nourrit pas. Capitale esthétique du monde, c'est un musée, non une usine. Comparé à la province à la vie lente, il est affairé, si l'on veut, mais sa grande affaire, c'est le plaisir : plaisir des yeux devant lesquels il chatoie, plaisir de l'esprit devant lequel il babille, plaisir du cœur qu'il émeut doucement, d'une main experte et légère. Nulle part on n'y sent, comme à Londres ou à New-York, la tension d'une volonté qui ne connaît que sa tâche. Songez à la vie intense de la Cité ou de Broadway et regardez cette foule des grands boulevards, qui muse et qui s'amuse. Foule hétéroclite au demeurant, où les *métèques* sont en nombre et peut-être en majorité. Dans cette tour de Babel ambulante, vous entendrez toutes les langues. Petite image de la France, Paris vit pour les autres et par les autres. Cafés, théâtres, maisons de thé, sans compter les tripots et les autres coins plus ou moins louches, il offre à l'étranger toutes les distractions. Il est un peu l'exposition universelle en permanence, la grande foire du monde. On n'y *fait* pas de l'argent, on l'y dépense.

Et où *fait*-on vraiment de l'argent en France ? Où voit-on se manifester [une activité féconde, largement productrice ? Est-ce dans ses ports vides de vaisseaux ou dans ses campagnes vides de bras ? chez ses commerçants aux méthodes caduques, qui n'ont pas de représentants à l'étranger ? chez ses industriels à l'outillage démodé, travaillant avec lenteur et à des prix de revient trop élevés pour lutter contre leurs concurrents du dehors ? Ce pays est, sur tous les terrains, dépassé par des peuples neufs, jeunes, énergiques. Allemagne, Angleterre, États-Unis, Italie même l'exproprient rapidement des marchés qu'il avait conquis. Ce ne sont pas seulement Anvers et Hambourg, c'est Gênes qui est en train de dépasser Marseille. On ne songe pas sans rougir qu'en 1914 notre marine marchande venait après celle de la Norvège. Quant à nos colonies, sont-elles vraiment nôtres? L'Algérie se peuple d'Espagnols, le Maroc était avant la guerre envahi par les Allemands. En tout ordre d'idées et de productions, il semble que la France pratique la politique du moindre effort. Si elle conserve encore une apparence d'activité industrielle, si son agriculture semble prospère, elle ne le doit qu'à un protectionnisme artificiel. Supprimez les tarifs douaniers, et vous la mettez à la merci de la concurrence étrangère.

Ne l'est-elle pas d'ailleurs, en dépit de toutes ces barrières? Parcourez les voies les plus fréquentées de la capitale, l'avenue de l'Opéra, la rue de la Paix, le boulevard des Italiens. Sur les enseignes que lisez-vous? Liberty, Brentano's, Tiffany, Maple, Meyrovitz. Des noms bien français, n'est-ce pas? Le Paris d'avant-guerre contenait une grande ville allemande, de cent mille habitants et plus. Partout, et jusqu'en province, des firmes britanniques, italiennes, américaines. L'étranger colonise la France. S'il lui apporte l'argent de ses oisifs, il lui soutire celui de ses bas de laine.

Et la masse suit le mouvement. On dirait qu'elle se défie de la France, du crédit français, de l'initiative française; elle ne place plus, ou guère, ses capitaux dans les grandes entreprises nationales. Y a-t-il même de grandes entreprises nationales? Quand d'aventure ce pays fait un effort, il ne le soutient pas jusqu'au bout. S'il commence la construction du canal de Panama, il laisse aux États-Unis le soin de l'achever. Aussi, de plus en plus, ses ressources s'en vont-elles au dehors et parfois jusqu'en Allemagne. La France s'abandonne, elle se meurt, demain elle sera morte.

I

Tout n'est pas injustifié dans ces plaintes et il faudrait être fou pour fermer les yeux à l'évidence. Mais elles sont exagérées, ou plutôt incompréhensives, et si l'on n'a pas découvert l'énergie française, c'est qu'on l'a cherchée là où elle n'était pas.

D'autres l'ont vue ou du moins soupçonnée, et ce sont précisément ceux qui, comme un Barrett Wendell ou une Edith Wharton, appartiennent aux nations les plus énergiques. Leur témoignage n'est donc pas suspect.

Que nous disent-il de nous? Ce qui frappe le premier, c'est la prospérité du pays et son activité inlassable. Ce qui émerveille la seconde, c'est sa force de résistance à tout ce qui menace de le détruire. Avec tous ses défauts, son laisser-aller, sa négligence, la France devrait être pauvre; or, elle regorge de richesses. Et il serait bien superficiel d'expliquer cette abondance par l'afflux de l'or étranger ; il peut inonder une ville, à la rigueur une région, Nice ou la côte d'azur, mais non pas toute la nation. C'est donc que la France produit, qu'elle tire sa fortune d'elle-même. « Ce pays est prospère entre tous[1] ». « Nulle part vous n'éprouverez une impression plus évidente de bien-être solide et substantiel[2] ».

Attribuera-t-on ce résultat à la fécondité du sol, à la qualité des cultures? Mais la France, si elle est riche, n'est pourtant pas un pays de cocagne; et, en admettant qu'elle le soit devenue sur certains points de son territoire, c'est à la suite du travail tenace de nombreuses générations. C'est donc bien qu'il y a chez les Français une activité réelle, « l'activité joyeuse et inlassable qu'ils apportent à accomplir les travaux sérieux de la vie[3] ». Encore une légende à détruire, celle du prétendu *far niente* de la race.

Il n'en est pas, au contraire, qui soit plus vibrante et plus ardente, chez qui l'on trouve, à ce degré, l'impatience de créer. Mais elle crée à sa façon, qui n'est pas la plus apparente, qui ne chiffre pas. Ce pourrait bien, au demeurant, être la plus féconde et il ne faudrait pas grand'chose pour lui faire produire le plein de ses effets.

Le vrai, c'est que, lorsqu'il agit, le Français se propose un but précis et, autant que possible,

1. B. Wendell, *La France d'aujourd'hui*, p. 344.
2. *Id., ibid.*, p. 345.
3. *Id., ibid.*, p. 70.

immédiat, réalisable par ses propres moyens. Il n'a pas ce qu'on pourrait appeler l'énergie à longue échéance. Le résultat ne doit pas se faire trop longtemps attendre, il ne doit pas non plus exiger un trop grand nombre de subordonnés ou d'intermédiaires. Avant tout, le Français désire que son œuvre prenne corps sous ses yeux et sorte de ses doigts, qu'elle soit vraiment et totalement de lui, qu'il la commence et qu'il l'achève. Si elle exige trop de temps, si elle fait appel à trop de concours étrangers, il ne se reconnaît plus en elle, elle le rebute et il l'abandonne.

C'est pour cette raison profonde que le Français excelle surtout dans les petites entreprises, celles où l'activité individuelle suffit à assurer la direction et, dans une large mesure, l'exécution du travail. Il brille moins dans les œuvres de plus grande envergure et d'organisation plus compliquée. S'il est capable de voir grand, en général il fait petit. Tout ce qui suppose coopération, solidarité, mise en œuvre d'un mécanisme dont il ne serait qu'un rouage contredit son besoin de s'affirmer dans tout ce qu'il produit. Au fond, il y a de la fierté, sinon de la dignité personnelle, et un farouche désir d'indépendance dans sa conception du travail. Il veut toujours être la tête, non le bras.

Aussi son énergie sera-t-elle surtout une énergie inventive, et de celle-là il ne se lassera jamais.

Trouver, voilà sa fonction. D'autres, à la rigueur, feront.

Mais ce qui lui convient mieux encore, c'est d'être à la fois la tête et le bras, l'inventeur et le réalisateur. Il est, au sens propre du terme, un *artisan*. L'artisan est le travailleur complet, l'artiste qui se prolonge en ouvrier. Sa tâche est à la fois originale et limitée, c'est une œuvre de longue haleine, sur laquelle il met la marque de sa personnalité, une œuvre d'art, le « chef-d'œuvre » de nos anciennes corporations. Le type de cette production achevée, c'est la production de luxe. Le Français y est sans rival. Il faut qu'il fasse du définitif et non du fragmentaire, un morceau du tout. Il n'est satisfait que s'il peut fabriquer le tout.

Même dans les ordres de production les plus matériels, tel est son trait distinctif. On trouve en France peu de grandes installations agricoles ; par contre, l'horticulture, la viticulture, la culture maraîchère, tout ce qui suppose l'effort attentif, continu, les soins minutieux nécessaires aux fruits rares, aux primeurs, à l'élevage des bêtes de choix, présalés de Bretagne ou poulardes du Mans, toutes ces industries délicates du sol sont l'apanage de notre pays. La terre, amoureusement remuée, constituée motte à motte et presque grain à grain, pieusement transmise dans le patrimoine de génération en génération, est proprement une œuvre d'art, une véritable création due au génie collectif et individuel tout ensemble des cultivateurs français. Chacun, dans cette longue lignée de travailleurs si longtemps attachés à la glèbe, l'a modelée à sa façon et comme imprégnée de lui-même. « C'est une terre humaine [1] », dit Michelet. Et ses produits, outre la saveur du terroir ou du cru, retiennent quelque chose de cette personnalité. Le chasselas de Fontainebleau ou la pêche de Montreuil, l'asperge du Laonnois ou le haricot de Soissons ne sont pas seulement des aliments de choix, il y a vraiment en eux un caractère esthétique. Le paysan les a signés comme le peintre signe ses toiles.

A *fortiori* lorsqu'il s'agit de l'industrie française. Son véritable symbole, c'est l'article de Paris. Ce n'est pas l'objet manufacturé, banal et impersonnel, réédité à des milliers d'exemplaires. C'est la chose *unique*, un moment d'une vie qui ne se reproduira pas deux fois. Prenez un bibelot quelconque, un vase, une bourse, une voilette, moins encore. Il a sa date, son cachet, son individualité. Le Français a horreur de l'uniformité. Son rôle, c'est, en tout ordre d'idées, de fournir des *modèles*.

Dans ce domaine, il est inimitable. La France donne le ton au monde. Son activité directrice consiste à susciter et à déclancher partout les activités secondaires, inférieures, subordonnées.

[1] Michelet, *Le Peuple*, p. 51.

Les maisons de modes ou de couture enverront leurs *premières* à l'étranger. Et, toutes proportions gardées, il en est de même dans les plus hautes manifestations de la vie intellectuelle : ce sont aussi des *premiers* que la France expédie, des *modèles* qu'elle fournit dans l'art ou dans la science comme dans l'ébénisterie. L'influence de la Sorbonne est, au degré près, du même ordre que celle de la rue de la Paix. Dans les deux cas, ce qu'on attend de la France, c'est l'inspiration.

On s'explique ainsi qu'elle exporte relativement peu. Elle n'a rien à expédier au dehors, sinon des produits de choix et des producteurs de choix. M. Baldwin fait observer qu'il n'y a pas d'émigration française aux États-Unis. Les travailleurs arrivent par masses d'Irlande, d'Allemagne, d'Italie. De France, on les compte par unités : ce seront des directeurs d'établissements de confections, de modes, de parfumerie, des chefs de cuisine pour les millionnaires de la cinquième Avenue, en un mot, des spécialistes et, dans le rayon, grand ou petit, où s'exerce leur activité, des conducteurs d'hommes[1]. Le Français, peu fait pour obéir, guère plus pour commander, s'affirme et, par son exemple, devient un guide pour les autres. Il n'y a pas proprement d'exportation française. Le Français n'exporte pas, il expose.

1. Baldwin, *La neutralité américaine,* p. 69. (F. Alcan).

Ce n'est pas toujours pour le plus grand bien de la France et, parmi les spécialités dont elle donne le spectacle au monde, il en est de malencontreuses. A en juger par les échantillons d'humanité qui sont censés la représenter à l'étranger, on se ferait, hélas! on se fait souvent d'elle une image bien singulière. Elle y envoie tous ceux qu'on pourrait appeler les pourvoyeurs louches de la sensualité française : littérature graveleuse, traite des blanches, voilà ce que ces agents véreux, aigrefins de la finance ou repris de justice, étalent au dehors comme l'image fidèle de notre pays. Et trop souvent on nous croit tous taillés sur le type de ces indésirables.

Mais par bonheur il en est d'autres. Quelle que soit sa répugnance à s'exiler, le Français commence pourtant, sinon à porter ses pénates au dehors, du moins à y accepter des missions. Il organisera, un peu dans toute l'Amérique, l'armée, l'Université, parfois même les finances. Grâce à ces envois, de plus en plus nombreux, de personnalités dirigeantes, ce que la France donne d'elle-même aux autres, c'est le principe créateur, l'idée.

Au demeurant, elle la garde de préférence chez elle, sinon pour elle. Car elle la cède volontiers, à condition qu'on vienne la lui prendre. D'autant plus volontiers même que bien souvent elle n'en fait pas usage. Le Français n'est pas entreprenant. Il voit vite, clair et loin. Sa pensée va droit au but, sans tenir compte des obstacles. Mais, quand il s'agit de passer de la conception à l'exécution, de gravir et de redescendre, un à un, péniblement, ces mêmes obstacles qu'il a franchis à tire d'aile, il hésite, il recule. Au fond, la France, c'est un peu trop la fin sans les moyens, le désir plus que la volonté.

Et cela d'autant plus qu'elle n'a pas su développer en elle la conscience et le goût de l'effort collectif, anonyme. Le *made in Germany*, l'estampille officielle et impersonnelle, ne saurait avoir pour pendant un *made in France*. Là-bas, c'est bien l'Allemagne qui travaille, toute l'Allemagne. Ici, ce n'est pas la France, c'est *un* Français, tel ou tel Français et non pas tel autre.

C'est qu'il lui serait impossible, le voulût-il, d'abdiquer sa personnalité. Il faut qu'il soit lui-même dans tout ce qu'il fait. Pourquoi a-t-on tant de mal à trouver de la main-d'œuvre en France? La dépopulation y est bien pour quelque chose, mais le désir d'indépendance pour plus encore. Ce n'est pas tant faute de bras qu'excès de têtes. Le Français a horreur d'être confondu dans le flot, incorporé à un ensemble, transformé en un rouage; il veut être à lui seul toute la machine.

Avec cela, on fait des individus, et qui sont rares, mais fait-on un peuple? Un peuple, c'est une solidarité de tous les instants, c'est une collectivité agissante. Le Français aime agir tout seul, ne sait pas s'associer. Et toutes ces forces d'exception qui, en se concertant, formeraient un tout unique, invincible, isolées, restent impuissantes.

Voyez le paysan courbé sur son lopin de terre. Est-il possible d'imaginer un effort plus acharné, un labeur plus prolongé? Où est sa paresse, à celui-là? Elle existe pourtant, mais c'est une paresse d'esprit, un refus de comprendre son intérêt véritable. Il travaille parce qu'il possède, il est propriétaire, il fait valoir son bien. Il s'agit de *sa* propriété, de *sa* parcelle. Mais demandez-lui de collaborer avec les autres, il se méfiera; de mettre une partie de son avoir en commun avec des possesseurs différents, il s'y refusera, dût-il pâtir de son isolement et renoncer à un plus grand profit. Son bien, c'est sa liberté, son sang, son être. On n'y touchera pas. L'idée de coopération n'est pas une idée française.

Elle ne l'est pas, là même où elle semblerait devoir s'imposer le plus, là où il n'y a rien à mettre en commun sinon ses aspirations et ses revendications. Si l'on compare aux puissantes organisations allemandes ou anglaises les minuscules syndicats français, on mesure toute la distance qui sépare les deux conceptions : celle de la solidarité des efforts et celle de leur dispersion

Et la France, ce grand pays, est et reste un pays de petites gens et de petites choses, de petits commerçants, de petits industriels, de petits propriétaires, de petits fermiers. Il se diminue, non par étroitesse d'esprit, mais par excès d'individualisme mal compris. Pour lui, s'unir à autrui, s'est s'asservir.

Le résultat, c'est que le Français, selon le cas, manifestera la plus grande énergie ou la pire mollesse. La plus grande énergie, dès qu'il s'agit de *sa* chose. S'il entrevoit le moyen de la faire prospérer, il fournira une somme de travail gigantesque. Dans la moindre échoppe, dans la plus humble boutique, vous trouverez des forçats volontaires. L'homme (et souvent aussi la femme, cette compagne si précieuse, cette associée au sens plein du mot), se lèvera avant l'aube, vaquera sa journée durant à toutes les besognes, se couchera épuisé à une heure tardive de la nuit pour recommencer le lendemain. Ils ne connaissent pas, ceux-là, la journée de huit, dix et même douze heures ; mais, à certains moments de presse, la journée de vingt-quatre heures. Au total, il s'use plus de temps et il se dépense plus d'efforts, à Paris et dans les grandes villes de province, que dans les centres similaires de la Grande-Bretagne ou des États-Unis. Le travail de l'Anglais et même de l'Américain, s'il est intensif, est du moins réglé, contenu dans des limites fixes. Ils peuvent consacrer leurs soirées à leur famille ou à leur cercle. Enfin, leurs habitudes religieuses et sociales leur imposent le repos du dimanche. En France, rien de tel. Le manque d'organisation et de discipline favorise le labeur autant que la paresse. Le Français, souvent, trimera sans discontinuer, sans connaître ni trêve ni vacances.

Mais il est bien entendu qu'il trime pour lui-même. Dès qu'il loue ses bras ou même sa pensée à autrui, son ardeur tombe. Et, désormais, son caprice seul lui tient lieu de loi. Ce seront, selon ses sautes d'humeur, ou des moments, trop rares, de travail sérieux et soutenu, ou des heures, trop nombreuses, de nonchalance. Sa vivacité lui permet de rattraper le temps perdu, mais il en gâche. Malgré ses qualités, on ne peut guère compter sur lui. La conscience professionnelle est la moindre de ses vertus. Et la psychologie de la race française, ne permet guère de lui en vouloir. Il a les qualités de ses défauts : besogne subalterne, besogne sans horizon n'est pas besogne vraiment française.

C'est ce même besoin d'individualiser tout ce qu'il touche qui explique, plus encore que l'attrait des forts salaires, l'exode des champs vers les villes. Ce faisant, on va moins vers la vie douce que vers la vie active, vers la vie intense. Et aussi vers la vie personnelle. La fille de la campagne qui aspire à devenir femme de chambre ou nourrice se rend plus ou moins obscurément compte qu'elle va enrichir son individualité. Non seulement elle élargira son rayon d'action, mais elle aura à faire face à une tâche mieux définie, plus spécialisée. La cuisinière devant son fourneau est un peu comme le petit artisan devant son établi. Elle a le sentiment d'œuvrer, de s'affirmer, elle a la fierté de ce qu'elle fait.

Tout travailleur, en France, désire non pas seulement améliorer, mais dépasser sa condition, monter d'un degré dans l'échelle sociale. L'ouvrier veut devenir patron et le fermier propriétaire. Là où l'Allemand se plie à une discipline, le Français aspire à l'indépendance. Son idéal, c'est de *s'établir*, de tenir boutique, d'ouvrir un magasin ou un comptoir, en un mot d'être son maître. Pour cela, ce grand paresseux (ou prétendu tel) se montrera infatigable. Il courra tous les risques, les aléas du commerce, les traites impayées, les échéances redoutables où la faillite vous guette. Mais il ne sera plus sous la coupe d'autrui, et c'est l'essentiel à ses yeux.

Si cet effort d'émancipation n'est pas possible pour lui-même, il le tentera pour son enfant. On ne dira jamais assez à quel point l'ambition familiale est un ferment pour l'activité française. La montée patiente et sûre de la démocratie trouve là sa cause la plus profonde. Chaque génération s'élève d'un degré dans l'échelle sociale grâce à cette énergie héroïque par laquelle le présent, pour une fois, se subordonne à l'avenir; mais à un avenir qui est encore lui, qui est plus lui-même que lui-même, à un avenir imminent dans lequel il se réalise, l'œuvre de sa chair, de son labeur et de ses veilles. Et, précisément parce que dans l'enfant il observe, au jour le jour, heure par heure, ce progrès continu de son être, parce qu'en lui il se transforme et se perfectionne à vue d'œil, cette énergie du Français se sent à chaque instant soutenue, raffermie. Là, le but est immédiat; là, le résultat ne se laisse pas attendre. Les conditions de l'action idéale, selon son cœur, sont réalisées. Et, tout naturellement, joyeuse et efficace, l'action suit.

Il y a donc une activité française et qui a, qui peut-être a eu surtout ses vertus. Elle convenait à merveille à l'état de l'ancienne France, féodale, communale et morcelée. Avec ses frontières intérieures, ses marchés jalousement fermés aux concurrents du dehors, elle favorisait singulièrement l'effort individuel. L'artisan voyait sa clientèle groupée autour de lui, il n'avait ni beaucoup à craindre de se la voir enlever, ni beaucoup à espérer de pouvoir l'élargir démesurément. En conséquence, peu d'ambition, sinon celle de se faire un nom, et il se donnait tout entier à son œuvre et à son chef-d'œuvre. Qu'il tissât le brocard d'une robe ou qu'il ciselât le pommeau d'une dague, il y mettait toute son âme.

De nos jours, dans un monde commercialement et industriellement élargi, les qualités d'antan ne sont plus suffisantes. Notre marché, c'est l'univers, et il faut l'enlever de haute lutte. Aussi la valeur strictement personnelle, si elle est réduite à elle-même, n'est-elle qu'un atout médiocre. On agit désormais par masses, par efforts d'ensemble. A cette civilisation scientifique, moins fantaisiste et moins libre, il faut des modes d'action nouveaux, plus rationnels et plus organisés. Ils cadrent moins avec la nature primesautière du producteur français, ils lui font même souvent violence. Ils exigent de lui une contrainte, un effacement ou une atténuation de sa personnalité, une subordination de l'individu à un ensemble, bref une vie méthodique et grise au lieu d'une existence mouvementée et colorée. C'est un pli à prendre et qu'il prendra malaisément.

Mais il le prendra, car, là comme ailleurs, son intelligence intuitive et souple fera son œuvre coutumière d'adaptation. Le jour où, sans rien perdre de son originalité créatrice, il saura la canaliser et la discipliner, le jour où, voulant la fin, il voudra les moyens qui la réalisent, il aura tôt fait de dépasser ceux qui, avec des qualités de second ordre dont ils savent tirer le maximum de rendement utile, arrivent à l'emporter sur ses qualités de premier plan, inutilisées et assoupies. Il a joué trop longtemps *Le lièvre et la tortue*, mais qu'il prenne une fois son élan et, d'un bond, il atteindra le but.

II

Plus encore que l'activité matérielle, ce serait l'énergie morale qui ferait défaut à la France. Elle n'aurait guère que des impulsions. Une hirondelle ne fait pas le printemps, une velléité n'accomplit pas une tâche.

Qu'y a-t-il de fondé dans cette critique? Revient-elle à dire que le Français manque de courage, car le courage est la vraie vertu de la volonté? Le reproche tomberait bien mal. Si jamais homme a su se raidir contre les défaillances, tenir tête au péril, ce fut lui. Et il ne s'agit pas ici de bravoure. Brave, il l'est sans doute, et jusqu'à la témérité parfois, il ignore la peur. Mais la bravoure est naturelle, le courage seul est réfléchi, volontaire. Il suppose une décision arrêtée en connaissance de cause, qui mesure le péril et qui pourtant l'affronte. Il est acquis et non inné. De ce courage là les Français ont donné mille preuves pour une, depuis la résistance gauloise à l'invasion romaine jusqu'à la lutte pied à pied dans la tranchée de Verdun ou sur les hauteurs de Moreuil.

Mais ce qui trompe parfois c'est que, comme toutes ses autres vertus, le courage du Français est intermittent. Et il l'est parce qu'il est « un produit de l'intelligence[1] ». Il se manifeste à ses heures, qui sont les heures graves, décisives, celles où se joue le sort d'un individu, d'une famille, de la nation. Dans la vie courante, le Français se montre plutôt douillet, frileux. Il n'est guère sportif, tient à ses aises, vit dans du coton. On le voit mieux au coin de son feu qu'escaladant les cimes alpestres. Et la Française, si adulée, si gâtée, si aisément effarouchée par le moindre pli de rose, ne paraît guère capable d'héroïsme, surtout de cet héroïsme soutenu, patient, ignoré, qui consiste à donner sa vie à un être ou à une tâche.

Mais qu'il s'agisse d'un des leurs, d'un enfant surtout, et vous les verrez tous deux, et la femme plus complètement encore que l'homme, témoigner de ce « courage raisonné[2] », lucide et clair, qui sait aller jusqu'au bout de son effort. La Française est une infirmière médiocre pour ceux qui lui sont indifférents, incomparable pour ceux qui lui tiennent à cœur. Et, dans ces jours tragiques que nous avons traversés, on a pu la voir sans cesse à l'œuvre : tantôt prodiguant ses soins sans compter dans les ambulances du front, tantôt petite institutrice enseignant la France à ses élèves dans les caves des villages occupés par l'ennemi

1. E. Wharton, *L'âme de la France*, Revue de Paris du 15 février 1916, p. 680.
2. *Id., ibid.*, p. 681.

et bombardés par nos obus, tantôt simple employée des postes télégraphiant des ordres ou transportant des plis au milieu des hordes allemandes. C'est la foule des anonymes, qui compte, parmi tant d'héroïnes, bien des martyres.

Pour que se révélât ce courage, il fallait, il est vrai, deux conditions qui ne sont que rarement réunies : des circonstances exceptionnelles, une exacte compréhension du fait. Mais, quand elles le sont, l'action suit et, avec une énergie froide, un courage tranquille, l'homme et la femme de France se donnent sans réserve à leur devoir. Ici encore, on ne saurait trop insister sur le rôle de l'intelligence. Ce devoir, avant de l'accomplir, il a fallu le connaître, en avoir la vision claire. La tête a dû commander le cœur et la volonté.

A côté de ces dévouements plus connus, il en est une foule d'autres, ignorés, obscurs, qui se produisent dans la vie de tous les jours et qu'un hasard seul nous révèle. Les prix de vertu de l'Académie en signalent un entre mille. Et, dans les périodes de guerre ou de révolution, où l'occasion s'offre à tous, ils surabondent. Car, en France surtout, si l'occasion fait le larron, elle fait aussi le martyr.

Ce courage, c'est entendu, est à courte échéance. Plus justement, il faudrait dire qu'il est à échéances sans cesse renouvelables. Le Français, pas plus en matière de dévouement qu'en aucune autre ne tire de traites sur l'avenir. Là comme ailleurs, il vit dans le présent. Mais si ce présent se recommence sans cesse, s'il faut veiller le lendemain comme on l'a fait la veille pour soigner un parent malade, peiner pour nourrir de jeunes frères et sœurs, l'énergie se retrempe à chaque minute, et c'est toute une vie qui se consacre à son œuvre d'abnégation.

Reconnaissons-le pourtant, ces sacrifices sublimes et prolongés ne sont pas la règle. Il faut, en général, un stimulant toujours actuel à l'activité française. Elle se lasse vite si les circonstances restent les mêmes. Le Français veut brûler la vie et non pas différer de vivre.

De là cette histoire chaotique qui est à la fois celle de l'individu et celle de la nation. Une poussée formidable, suivie d'une longue période de stagnation. Des résultats inouïs conquis en un jour et sur lesquels on vit pendant des siècles. Le Français jette aisément le manche après la cognée, mais il a commencé par en asséner un coup formidable et, de temps en temps, il reprend l'outil pour en frapper d'autres. Révolution et réaction, tel est le rythme de sa vie. L'ouvrier fête le lundi, chôme et boit trois jours par semaine, mais le reste du temps il a doubles muscles et abat double besogne. Le peuple subit l'oppression pendant des années et un beau jour il monte sur les barricades pour culbuter le régime.

L'existence sera donc d'autant plus active en France qu'elle sera plus variée, plus diversifiée, qu'elle fera sa part plus grande à l'imprévu. Pour qu'il travaille, il faut que le Français s'amuse, qu'il bricole. Le mot et la chose sont de chez lui. Fourier avait bien compris ce besoin de changement et de distraction; dans son phalanstère, il multipliait les tâches pour tenir l'esprit toujours en éveil. Il s'entendait à utiliser les passions en les intensifiant, et il avait mis au premier plan la plus française de toutes, parce qu'elle est la plus enfiévrée, la *papillonne*.

Mais changer ne suffit pas. Travailler, pour le Français, c'est se battre contre quelqu'un ou contre quelque chose, l'activité française est une activité combative. Quoi qu'elle fasse, et pour le bien faire, il faut qu'elle ait le sentiment d'une lutte, qu'elle monte à l'assaut, qu'elle culbute un adversaire. Elle est avant tout un élan. Et, aux grandes heures, cet élan emporte tout. On l'a bien vu en 1914. « L'âme de la France, après la déclaration de guerre, c'était la pure flamme du sacrifice, l'élan d'un grand peuple résolu à résister à la destruction [1]. » Pour mettre en action cette énergie, il faut un intérêt puissant, une question de vie ou de mort. Mais alors la France fait une résistance désespérée. De tous les peuples, il n'en est pas un qui tienne

1. *Id., ibid.*, p. 673.

autant à vivre en tant que peuple, en tant que personne morale autonome. La France ne veut pas mourir.

Et si elle ne le veut pas, ce n'est pas seulement ni peut-être même essentiellement par une sorte d'instinct physique, de persévérance de l'être qui se refuse au néant. C'est plus encore une révolte morale, un accès d'indignation. D'abord, parce qu'elle sait, parce qu'elle sent ce qu'elle est, ce qu'elle vaut et que sa perte serait un désastre pour l'univers. La France morte, ce serait un amoindrissement pour tous, à commencer par son prétendu vainqueur. Ce serait un recul, et peut-être un arrêt de la civilisation, quelque chose comme ce que fut dans l'antiquité l'écroulement de la Grèce.

Mais il y a plus. Ce pays se rend compte qu'il ne peut périr que par surprise, dans un traquenard ou un coupe-gorge. Il ne mourra pas de consomption, de mort naturelle, il faut qu'on l'assassine. Quels que soient ses accès de langueur, la France est nerveuse, elle aura toujours assez de ressort pour se reprendre. Mais elle n'est pas seule dans le monde. Elle est guettée par des peuples de proie qui envient ses richesses naturelles, qui ne lui pardonnent pas surtout sa supériorité intellectuelle et morale et son large esprit d'émancipation. Il en est un au moins qui monte la garde à ses portes, toujours prêt à fondre sur elle, n'attendant que le moment opportun pour profiter de son insouciance légendaire. C'est le seul risque, mais il est formidable. « Et c'est bien l'âme française tout entière, de tous points opposée à l'âme allemande et pleinement révélée par notre peuple en armes, qui arrête l'invasion, la refoule, la vaincra[1] », nous pouvons ajouter aujourd'hui « l'a vaincue ».

De cette révélation active la *Marseillaise* restera l'éternel symbole. Elle exprime cette tension désespérée et finalement toujours victorieuse des énergies françaises : la fraternité dans la résistance. « Ce sont des bataillons de frères qui, pour la sainte défense du foyer, de la patrie, vont ensemble d'un même cœur[2] ». En dépit de l'apparence, en dépit des faits eux-mêmes, d'un Louis XIV ou d'un Napoléon, l'énergie de la France est une énergie défensive et non une énergie agressive. Lorsqu'elle a voulu s'agrandir aux dépens du monde, elle a trahi son génie et échoué dans son effort. Son destin n'est pas d'asservir, mais de libérer. Ce n'est pas elle qui, sauf à des heures brèves et sans lendemain, s'incorporera une Alsace-Lorraine ou une Pologne. Elle n'est pas le produit d'une conquête, elle est une adhésion, un consentement. Elle n'est irrésistible que dans

1. Lavisse, *L'État d'âme qu'il faut*, Revue de Paris, 1er janvier 1915, p. 12.
2. Michelet, *Le Banquet*, p. 256.

sa lutte contre l'oppresseur, du dehors ou du dedans.

Car si c'est là l'énergie qui se manifeste dans ses guerres, c'est celle aussi dont témoignent ses révolutions. Chacune d'elles fut un sursaut, le rejet d'une autorité accueillie au début comme une sauvegarde, conservée par la suite comme une habitude et finalement subie comme une contrainte. Le Français se comporte vis-à-vis du maître intérieur comme il le fait à l'égard de l'étranger. Il lui laisse aisément mettre un pied chez lui et lui permet presque d'en prendre bientôt quatre. Mais jamais complètement. Il sait se révolter et s'affranchir à temps. Et il le fait alors avec une explosion de fureur contre le tyran qui se double d'une explosion d'enthousiasme pour sa liberté reconquise. Parlant de la Révolution, qu'il n'a d'ailleurs qu'à demi comprise et point du tout aimée, Renan voit en elle « le plus violent des spectacles humains qu'il nous ait jamais été donné de contempler[1]. » Le terme est juste : la violence, tel est en effet le caractère de cette énergie condensée, peu capable de se déployer et de se maintenir à travers toute une existence, mais agissant surtout par crises. Chacune de ces crises est bien, comme la crise révolutionnaire, « l'accès qui sauve ou qui tue[2]. » Mais, en fait, il

1. Renan, *Feuilles détachées*, p. 244.
2. *Id.*, *ibid.*, p. 244.

ne tue jamais. Tardif, presque désespéré, il ne peut pas ne pas réussir.

C'est que la France est proprement une révélation. Qui ne la voit que dans ses moments de calme ne la connaît pas ni même ne la soupçonne. Elle trompe son monde et elle se trompe elle-même toute la première. On la croit et elle se croit indolente, sceptique, blasée, incapable de ressort ; les grandes idées la font sourire et elle hausse les épaules aux grands mots. Elle prend tout à la blague et tourne tout en dérision. Mais vienne l'heure de l'épreuve, la pierre de touche, elle se retrouve et les autres la découvrent. Il en est d'elle, et Rudyard Kipling l'a finement noté, comme de ces individus avec lesquels on a longtemps vécu, qu'on s'imagine connaître, dont on s'est fait une image convenue et qui, brusquement, démentent toutes vos prévisions. « Celui que nous considérions comme un être quelconque, un être pareil à nous, se hausse soudain, très simplement, à une altitude qui nous paraissait inaccessible. Lui, le simple petit camarade qui menait la même petite vie que nous, est soudain devenu quelque chose de très grand. Et c'est là l'histoire de la France d'aujourd'hui[1] ». De la France de toujours, de la « France éternelle » du poète, faut-il ajouter, celle de Jeanne d'Arc, celle de 89, celle

1. R. Kipling, cité par Le Bon, *Enseignements psychologiques de la guerre contemporaine*, p. 23.

de 1914. Ce pays prend pleinement conscience de soi dans l'épreuve.

Rien ne le rend si grand qu'une grande douleur.

La France est, peut-on dire, catastrophique. Quand elle n'a pas l'énergie de l'enthousiasme, elle a celle du désespoir. Et de même le Français; lui surtout ne se connaît que quand il a souffert. Combien en est-il de ces êtres, insignifiants et falots en apparence, qui, tout à coup, dans une heure d'angoisse, se transfigurent, se transcendent! Combien qui, désœuvrés, passaient dans la vie sans la vivre et qui, depuis la grande guerre, ont pris figure, non seulement de héros — ce qui ne supposerait encore que du courage — mais de maîtres! Ils n'étaient oisifs que faute d'un aliment pour leur besoin d'activité. Du jour où ils l'ont trouvé, ils se sont réalisés.

N'allons pas croire d'ailleurs qu'une énergie exceptionnelle soit forcément un feu de paille. Elle peut persister aussi longtemps que les circonstances d'exception qui lui ont donné naissance. Après quatorze mois de guerre, Mme Edith Wharton admirait la constance de l'âme française. Elle ne l'eût pas moins admirée après plus de quatre ans. Qu'il y ait eu de la lassitude, c'est certain ; chez quel peuple n'y en a-t-il pas eu? Mais cette lassitude ne s'est pas traduite par des révoltes ni même par un abandon; elle n'a pas entraîné en France, comme elle l'a fait en Russie et même en Italie, un fléchissement des volontés. Il faut ce qu'il faut. Ce qu'il faut, c'est tenir, on tient. On tient en maugréant, comme un vieux grognard que l'on est, mais on ne lâche pas le morceau. Et sous cette fatigue et sous cette bougonnerie persiste, en dépit d'apparences parfois trompeuses, l'ardeur, « une décision ardente de dominer le désastre,... la résolution de ne penser à rien d'autre que la victoire.[1] » La philosophie du poilu se résume en quelques formules lapidaires qui n'ont pas d'autre sens; à Verdun : « On ne passe pas, » et partout : « On les aura. »

L'élan, en fin de compte, aboutit au devoir. Le devoir est voulu parce qu'il est aimé. La discipline française est consentie, non imposée. La spontanéité se hausse, par un effort sublime, à la volonté.

En cela, nulle contrainte, du moins extérieure. C'est qu'en dépit des critiques incompréhensives, la France est dévorée du besoin d'agir. Plus qu'aucune autre, l'histoire de la France est l'histoire de l'action. Qu'est-ce en effet qu'agir sinon, avant tout, apporter du nouveau ? Or la France ignore les chemins battus, les routines, les éternels recommencements. Elle déjoue la logique précise et stéréotypée de ceux qui se fondent sur les pré-

1. E. Wharton, *L'Ame de la France*, Revue de Paris du 15 Février 1916, p. 680.

cédents, qui jugent l'avenir en fonction du passé. La France est le désespoir des historiens.

Avec elle, en effet, la courbe réglée des événements prévus s'infléchit sans cesse dans une direction neuve, sans cesse elle fait intervenir dans la chaîne pourtant serrée des causes et des effets des commencements absolus. C'est bien « un défi que la France a jeté à l'histoire [1], » le défi de l'homme libre, la volonté plus forte que les événements et, dans toute la rigueur du terme, la volonté plus forte que la mort. Vingt fois pour une, la logique exigeait, l'histoire imposait que la France mourût. Elle n'est pas morte parce qu'elle a proclamé sa volonté de vivre. Elle a dit : Sera, non ce qui doit être, mais ce que je veux qui soit. Ce qui doit être, c'est Paris envahi par les hordes d'Attila ; ce qui est, c'est ce que veut Lutèce groupée autour de Sainte Geneviève. Ce qui doit être, c'est la France livrée à l'Anglais ; ce qui est, c'est ce que veut la fille lorraine en qui s'incarne la patrie. Ce qui doit être, c'est la France révolutionnaire vaincue par la coalition de tous les despotismes ; ce qui est, c'est ce que veulent les armées de sans-culottes levées par la Convention. Ce qui doit être enfin, c'est une nouvelle invasion de Huns occupant ou rasant la capitale ; ce qui est, c'est ce que veut le pays, c'est la Marne et deux fois la Marne, en 1918 comme en 1914. Chaque fois que la France est perdue,

1. Renan, *Réforme intérieure et morale*, p. 277.

entrent en jeu ces forces morales, les impondé-
rables. Et la France gagne.

La France, c'est la négation de la fatalité. Et
cela parce qu'elle est l'œuvre, non des choses, mais
de l'homme, de l'individu.

TROISIÈME PARTIE

LA SOCIÉTÉ

CHAPITRE PREMIER

LA FAMILLE

Le paradoxe de l'âme française semble se manifester plus particulièrement dans ce grand fait de la famille. Il n'en est pas, en apparence, de plus artificielle et de moins sentimentale dans sa formation ; un mariage est une affaire, une liaison d'intérêts autant et plus que de personnes. Il n'en est pas, en réalité, de plus foncièrement unie, de plus intime une fois qu'elle est formée. Sur la base fragile des mariages arrangés, faits bien souvent par intermédiaires, se construit le foyer le plus solide et presque toujours le plus durable. De deux êtres qui généralement s'ignoraient, qu'aucun attrait mutuel, aucune affinité profonde n'entraînait l'un vers l'autre, qu'a rejoints le hasard ou qu'ont unis les convenances, va sortir l'association la plus étroite, celle qu'on peut citer comme modèle à la plupart des nations civilisées.

Comment expliquer cette anomalie ? Elle vient, comme toujours, de cette intuition claire et de ce sens juste des réalités qui est la marque spécifique du Français. Le sentiment, ici encore, procédera de l'intelligence ; l'affection familiale, sous ses formes les plus tendres, sera le produit du bon sens.

I

A la base de la famille, en France comme ailleurs, nous trouvons le lien légal, le mariage. En quoi consiste-t-il ? Et quelles particularités présente-t-il dans ce pays ?

Le mariage est un contrat. Le mariage est un état. Comme contrat, il signifie un accord de volontés ; comme état, il implique un certain mode d'existence. A ces deux points de vue, comment le Français le comprend-il et le met-il en pratique ?

Le contrat conjugal est, en droit et surtout en fait, moins libre en France que dans d'autres pays, notamment chez les Anglo-Saxons. Il y revêt un caractère moins individuel, plus purement social.

En droit, on l'y trouve entouré de garanties que l'Anglais ignore et que l'Américain méprise. C'est avant tout un acte public et non privé; il est précédé et accompagné de formalités qui assurent à l'union projetée la publicité la plus large. On affiche les bans, on fixe les délais, on ouvre toutes grandes les portes de la mairie le jour de sa célébration. Nous voilà bien loin des mariages clandestins de Gretna Green, bâclés au fond d'une paroisse reculée devant un clergyman obscur; plus loin encore du spectacle offert par les États-Unis où la fille présente à ses père et mère, non pas le fiancé de son choix, mais le mari de la veille. Enfin, les oppositions à l'union projetée sont plus aisément recevables et, quand ce sont les parents qui les formulent, toujours retenues et très soigneusement examinées.

Le consentement de ces derniers est toujours requis jusqu'à un âge assez avancé. Récemment encore, il était nécessaire pendant toute la vie des ascendants. Pour passer outre à leur refus, des actes de respect, des « sommations » légales étaient exigées des enfants. Depuis peu d'années, la loi française, plus libérale, a simplifié les formalités, elle ne les a pas supprimées. Les vestiges du temps passé n'ont pas encore complètement disparu. Et c'est une des raisons pour lesquelles le nombre des unions libres a si rapidement augmenté en

France. Plutôt que de se soumettre à ces prescriptions impérieuses, on préférera se mettre en ménage sans faire sanctionner son union par la loi.

Mais ces entraves, pour gênantes qu'elles soient souvent, sont en général voulues par les futurs conjoints et par leurs parents. Le droit, ici, n'est que l'expression fidèle des mœurs. En France, le mariage n'est pas seulement l'union de deux êtres, mais celle de deux familles. Il incorpore chacun des deux époux à un milieu nouveau dont l'adhésion, légale souvent, morale toujours, est pratiquement requise pour que l'union soit consacrée et acceptée au dehors. Etre marié, c'est être reçu, accueilli par les parents de celui ou de celle qu'on épouse. Faute de cette estampille, on reste en marge de la société. On ne se marie pas seulement pour soi, mais en fonction des autres. « Les conditions actuelles de la loi française font du mariage une chose moins individuelle que nous ne sommes habitués à le croire en Amérique[1]. »

On dira peut-être : c'est un résultat de l'éducation française. Le jeune homme et la jeune fille, élevés l'un et l'autre en vase clos, dans des milieux radicalement différents, s'ignorent complètement jusqu'à l'époque du mariage. S'ils se rencontrent, c'est dans des conditions toutes factices, sous l'œil inquiet de chaperons vigilants qui les empêchent

1. B. Wendell, *La France d'aujourd'hui*, p. 136.

de se voir et de se parler de trop près. Ils ont au mieux des relations mondaines, espacées et superficielles. Comment se sentiraient-ils attirés l'un vers l'autre?

Rien de plus juste, mais on prend ici l'effet pour la cause. Ce n'est pas parce qu'ils sont élevés à part que leur union revêt ce caractère impersonnel, c'est parce qu'on entend qu'elle ait un tel caractère qu'on les a élevés à part. C'est le mariage qui commande l'éducation, et non l'éducation qui détermine les modalités du mariage.

Pour la jeune fille, le fait est incontestable. Jusqu'au jour où elle se marie, elle est proprement couvée. C'est à peine si, depuis très peu d'années et dans très peu de milieux — du moins de milieux bourgeois — on commence à lui permettre de sortir seule sans être flanquée d'une mère ou d'une femme de chambre. Mais on surveille de très près ses relations, ses lectures. Elle n'est plus, et de loin pas, la petite oie blanche du temps passé, elle affecte même parfois des allures d'indépendance qui ne laissent pas que de choquer; mais, dans l'ensemble, on veut qu'elle ignore tout de l'homme. Et pourtant, c'est à l'homme et à l'homme seul qu'on la destine. On l'élève pour le mariage et on ne l'élève que pour le mariage.

Son éducation s'en ressentira. En dépit des progrès réalisés — et il sont grands — c'est encore et surtout foncièrement une éducation de luxe. Même dans les familles bourgeoises les plus modestes, on fera la part beaucoup plus large aux arts d'agrément, musique, chant, dessin, qu'aux connaissances vraiment substantielles. On répugne à l'idée de faire apprendre un métier aux filles, de leur donner une arme pour la vie. Leur vrai métier n'est-il pas de plaire, de séduire, de conquérir l'homme ? Et, dans cette chasse au mari, l'arme la plus précieuse n'est-elle pas encore la parure ? Parure du corps et parure de l'esprit, coquetterie et maniérisme. On ne cherche pas tant à développer chez la future femme une personnalité propre qu'à l'adapter par avance à la personnalité de celui qu'un jour, *peut-être* (?) elle épousera.

Et, malgré l'apparence, il n'en va guère autrement du jeune Français. Lui aussi, on l'éduque en vue du mariage plus que de toute autre chose. On sait le rêve naïf et doré de la plupart des mamans françaises : dénicher « l'héritière » qui apportera à leur fils une situation toute faite. Aussi, bien souvent, la préparation d'une carrière, surtout d'une carrière libérale, est-elle commandée bien moins par la perspective des avantages directs qu'on en pourra tirer que par celle du profit indirect qu'on escompte de l'union projetée. Le brillant clerc de notaire épousera l'étude de son patron ; l'employé débrouillard prendra, avec la fille, la suite de la maison. Quant au médecin, au professeur, à l'avocat, c'est pour eux que les bourgeois enrichis éduquent et dotent leurs enfants. Enfin, l'on sait que les blasons dédorés retrouvent tout leur éclat en permettant aux multimillionnaires, parvenus du commerce ou de la finance, de donner de la particule à toutes les filles de M. Poirier.

Ainsi, par avance, on est classé dans une catégorie conjugale déterminée ou l'on s'y classe par la profession qu'on adopte. Si d'aventure on en sort pour épouser une jeune fille d'une autre condition, fût-elle parfaitement digne de vous, parfois même aussi ou plus riche que celles parmi lesquelles on escomptait votre choix, mais n'appartenant pas socialement à la catégorie prévue, on est l'objet d'un blâme au moins implicite, d'une réprobation familiale et sociale, on a causé parmi les siens une impression de malaise et même de désarroi.

Ainsi, en dépit de la loi, le mariage en France n'est pas libre ou du moins il ne l'est qu'entre d'étroites limites. Il met en jeu trop d'intérêts en dehors de l'intérêt direct des contractants. Dans cette société infiniment complexe et raffinée, l'individu est ou croit être comptable de ce qu'il fait vis-à-vis de ceux qui l'entourent et auxquels l'unit ce qu'on pourrait appeler un lien de dépendance sentimentale. Son mariage n'a pas le droit de jeter une fausse note dans le concert.

Les Français ont trouvé le mot juste pour définir le mariage tel qu'ils l'entendent. C'est « le mariage de convenances ». Convenance, accord des futurs époux, cela va de soi : qu'ils appartiennent, autant que possible, à un même milieu social, qu'ils aient l'esprit modelé en même façon, qu'ils apportent à peu près les mêmes préjugés sur la vie, sur le monde. Convenance de situation, plus importante encore que la première, car il semble, aux yeux du Français, qu'elle la conditionne. Le futur apporte sa situation, sa carrière, ses espérances d'avenir et aussi ses « espérances » tout court, ce mot si joli et si vilainement employé, ce qui doit lui revenir à la mort des siens. Et la jeune fille, outre les dites « espérances », en général soigneusement calculées, apporte avant tout sa dot. Le mariage français se définirait assez bien : l'union d'une dot et d'une situation.

De la dot, il ne faudrait pas trop médire. Certes, il y a ceux qui dans le mariage ne voient qu'elle et dont l'unique objectif est de la conquérir, abstraction faite de la femme qu'ils acceptent par surcroît. Il y a les aigrefins du mariage comme il y a les aigrefins de toute carrière et de toute profession. Mais, par elle-même, la dot a une signification proprement et hautement morale : elle assure l'indépendance de la femme mariée, elle est un des éléments essentiels, une des bases de la famille.

Elle assure l'indépendance de la femme mariée. Comme dans la vieille conception du droit romain, dont elle procède directement, elle représente sa part contributive dans les dépenses du ménage. Et, par là, elle la met sur un pied d'égalité avec l'homme. La femme n'est pas complètement à la charge du mari. Ce qu'il procure au foyer par son travail, elle l'assure, pour partie, dans une proportion généralement plus faible — car les grosses dots sont rares — à l'aide des ressources qu'elle s'est constituées en l'épousant. Souvent d'ailleurs, entre les mains du mari, la dot devient un instrument de travail, il la place dans ses affaires, il la fait fructifier. Elle représente l'élément *capital*, là où l'homme apporte l'élément *travail*. Et en France surtout, dans ce pays à la fois très hardi et très conservateur, cette alliance des deux termes est hautement appréciée. Le capital représenté par la dot, c'est l'élément stable, durable, qui, plus que tout autre, permet de constituer le foyer, en est, matériellement, le point de départ et le point d'appui. C'est sur lui qu'on édifiera peu à peu la fortune, en la faisant prudemment valoir, soit dans le commerce du mari, soit parfois dans des placements avantageux. Elle est à la racine du développement possible de la famille, de son expansion à venir. Et là où il n'est pas question d'aventurer ce capital, par exemple dans les ménages de fonctionnaires, aux ressources réglées et limitées, elle est le fonds commun, en principe inaliénable, dont les revenus maintiennent le niveau, le ton social, si l'on peut dire, de cette famille.

Car c'est là son vrai sens, elle dépasse celui qui l'apporte, elle est moins sa propriété qu'un dépôt, elle appartient à la collectivité familiale. Tant que dure la communauté, la femme n'a généralement sur elle que des droits limités. En principe, c'est le mari qui, comme chef de cette communauté, en a la gestion — et l'on sait d'ailleurs tous les périls que cette situation légale a créés pour la femme. Mais si elle en reste à peine la nue-propriétaire, nul, du moins en principe, n'a le droit d'en disposer librement et sans garanties. Il faut, pour l'aliéner dans les circonstances graves, le double consentement, l'accord de volonté des deux époux. Réunis, ils en ont la jouissance ; séparés, elle leur échappe. Leur vrai rôle est de la gérer, dans l'intérêt général des leurs, profitant comme ils l'entendent de ses revenus, mais légalement surveillés et moralement empêchés lorsqu'il s'agit d'en dilapider le capital.

Tout est donc prévu, dès le contrat conjugal, non pas tant pour lier deux êtres l'un à l'autre que pour les enchaîner et au milieu d'où ils sortent et surtout à ce milieu nouveau qu'ils vont créer par leur union : la famille, essentiellement représentée par les enfants.

Le mariage commence une *vie*, tant pour l'homme que pour la femme. Jusque-là, au fond, ils n'existaient ni l'un ni l'autre, ils sont appelés à exister l'un par l'autre. La personnalité, en France, s'affirme dans et par l'union conjugale.

Avant cette union, le jeune Français était loin d'être lui-même, comme son camarade d'Angleterre ou d'Amérique. Il a vécu parmi les siens et ne s'en est que rarement détaché, quand l'intérêt de ses études l'a exigé. Il lui a fallu se faire une situation, et le mariage sera pour lui la consécration de la situation faite. Il a pu avoir quelques aventures, au besoin même une courte liaison, mais on eût malaisément toléré de sa part un attachement sérieux. On est extrêmement indulgent pour des faiblesses sans lendemain, on serait sévère et même parfois impitoyable pour une véritable et profonde affection. Il aura jeté sa gourme, comme on dit, et il faut bien que jeunesse se passe. Conception lamentable et dangereuse, mais qui n'en est pas moins couramment acceptée. Par contre, dès que sa carrière se dessine, que sa situation se stabilise, on admet assez malaisément qu'il continue sa vie de garçon et, de fait, le plus souvent il cherche femme. Sans doute, les célibataires ne manquent pas en France, et leur nombre tendrait même à s'accroître. Mais cela tient pour beaucoup à ce fait que les situations assises sont lentes à se constituer, et le plus souvent obtenues sur le tard. En principe, le Français serait plutôt incliné vers le mariage bien que, pour des raisons de prudence, il le retarde jusqu'à parfois ne plus pouvoir ou ne plus vouloir le contracter.

Quant à la jeune fille, c'est plus simple encore. Sa personnalité, jusque-là comprimée, pourra désormais s'épanouir. Se marier, pour elle, c'est proprement s'émanciper, c'est naître à la véritable existence.

Existence qui, dans le mariage, s'affirme avec une puissance incomparable. On a dit de la femme qu'elle était « relative à l'homme » et c'est en effet là condition que la loi avait prévue pour elle. « Le mari doit protection à la femme, la femme doit obéissance au mari. » Il est même des cas où ce thème à plaisanteries faciles, dont les vaudevillistes ont largement usé, revêt un caractère vraiment tragique. Paul Hervieu, entre autres auteurs, l'a montré dans *La loi de l'homme* et dans *Les tenailles*. Mais, dans la pratique, les choses prennent généralement un autre tour. Le propre du ménage français, c'est que la femme n'y est pas plus dans un état de dépendance qu'elle n'y exerce une domination; il manifeste entre les deux époux un état de réelle interdépendance, ils y sont mutuellement relatifs l'un à l'autre.

C'est par là qu'il se distingue des ménages étrangers. Quels que puissent être les dissentiments intérieurs (et l'intimité même qui règne entre époux les aggrave quand ils se produisent), c'est celui où se manifeste l'union la plus étroite, la plus indissoluble. Mari et femme ne semblent pas pouvoir se suffire à eux-mêmes comme ils le font, en Angleterre un peu, et beaucoup plus aux États-Unis. Appartenant à une société très impérieuse et qui voit dans le mariage un premier principe de classement, il sont perdus s'ils restent isolés. En fait, la communauté n'est pas un vain mot, mais une réalité substantielle. Que pour une raison quelconque, fût-ce la plus normale, elle se dissolve et ceux qui la composaient se sentent désemparés : le veuf, la veuve, la divorcée, la femme séparée de corps sont des déclassés.

Cette puissance du lien conjugal fait qu'il résiste plus fortement qu'ailleurs à des menaces de rupture. L'adultère même, surtout l'adultère du mari (celui de la femme, beaucoup plus rare d'ailleurs, est moins aisément pardonné) ne suffit pas toujours à le briser. En tout cas, pourvu qu'on garde les apparences, la société mondaine se montre plus indulgente qu'ailleurs aux écarts de conduite. On ne verra pas en France cette levée de boucliers, cette indignation, sincère ou de commande, contre le coupable et surtout contre *la* coupable qui se manifeste dans les pays protestants et puritains. Le pavillon conjugal couvrira bien des marchandises plus ou moins frelatées. On aura toutes les indulgences pour les faiblesses humaines, pourvu que le ménage ne se disloque pas. On pardonne plus facilement à une femme un amant qu'un divorce.

Avec tout ce qu'elle a d'excessif, cette attitude se justifie peut-être jusqu'à un certain point. On se rend compte que les incartades conjugales du mari, si nombreuses soient-elles, n'entament que bien rarement la solidité du foyer. Même les fautes de la femme ne le détruisent pas toujours. Il est peu de ménages moins unis en apparence, il en est peu de plus résistants en réalité.

Rien de moins surprenant quand on y réfléchit. Ce dont le Français a surtout besoin, c'est d'un chez soi, d'une intimité. Il lui faut un centre, un point de ralliement. Son existence n'est dispersée et fragmentaire que très extérieurement. Précisément parce qu'elle est très complexe, son individualité exige pour se développer un milieu très stable, entend reposer sur un point d'appui très sûr. Il trouvera l'un dans son foyer, l'autre dans sa femme.

Sa femme! Elle représente à ses yeux quelque chose d'unique et d'irremplaçable. Elle est à la fois la plus tendre des maîtresses et la plus affectueuse des compagnes. Elle apporte, toujours ou presque, un parfum de poésie, un rayon de soleil dans la monotonie de l'existence quotidienne. Mariée, elle reste jeune fille, car elle veut continuer à plaire. Elle entend conquérir son mari tous les jours ; très exigeante d'ailleurs, elle veut aussi être sans cesse conquise à nouveau. Elle a une sorte de coquetterie vertueuse, elle est l'éternelle fiancée, celle qui se donne, non pas une fois, mais mille, et qui ne se reprend qu'afin de pouvoir mieux se donner.

Mais, plus encore qu'une amante, elle est une amie, l'amie des bonnes et des mauvaises heures, elle complète l'homme. « La Française, plus que l'Anglaise et que l'Allemande, plus qu'aucune femme, se prête à seconder l'homme et peut devenir pour lui, non la compagne seulement, mais le compagnon, l'ami, l'associé, *l'alter ego*[1] ». Nul ne sait jouer plus parfaitement le rôle de conseillère et d'auxiliaire. Dans les moments de détente et de joie, elle adore d'être gâtée, cajolée, enveloppée, elle se montre alors délicieusement et désespérément femme, avec toutes ses faiblesses charmantes. Même alors, il y a peut-être de sa part un calcul inconscient : elle excelle à se faire désirer pour mieux s'attacher celui qu'elle aime. Mais vienne l'adversité, elle se redresse et sait montrer que sa tendresse est vraiment une tendresse virile ; elle manifeste des qualités de décision et, quand il le faut, saisit et dirige la barre de l'embarcation en détresse.

Et surtout, elle s'entend, sans en avoir l'air et

1. Michelet, *Le prêtre*, p. 275.

presque sans y toucher, à organiser une vie. L'étranger est surtout frappé par sa grâce, sa séduction, voit en elle la mondaine née. Mais, plus encore que dans le monde, c'est chez elle qu'il faut la voir à l'œuvre, c'est dans sa maison. C'est là qu'elle sait appeler, grouper, retenir tous ceux que son charme attire et, à leur insu, les faire servir aux fins qu'elle vise. Extrêmement ambitieuse pour les siens, pour son mari, pour ses enfants plus encore, elle sait élargir son foyer pour accueillir tous ceux qui leur seront utiles et faire d'eux les instruments de leur succès. Nul n'ignore le rôle joué en France par les salons ; ils ont fait et défait, ils font encore les réputations, ils tiennent une place prépondérante dans la vie litté-raire, artistique, politique, sociale même du pays. Ils préparent les élections à l'Académie, présentent parfois et soutiennent avec succès les candidatures aux plus hauts postes de l'État. Ils peuvent, le cas échéant, vous porter au fauteuil de l'Institut ou à la Présidence de la Chambre. Que d'hommes, par eux-mêmes médiocres ou veules, sont arrivés aux situations les plus enviables en ayant pour titre essentiel d'être le mari de madame !

Cette action, discrète et féconde, la femme l'exerce dans la maison et par la maison. C'est la maison qui fixe son ardeur, ce « besoin passionné de jouir de la vie [1] » que dit Heine. Elle cana-

1. Heine, *Reisebilder*, t. II, p. 354.

lise ses énergies, elle leur imprime une direction.

Ainsi, ce qui domine dans la conception française du mariage, c'est, avant même que la famille soit vraiment constituée par la naissance de l'enfant, le désir de se construire un foyer. Dès lors, il importe peut-être moins qu'ailleurs que le choix des époux soit spontané, libre, il suffit qu'il soit raisonnable, et il l'est peut-être d'autant plus qu'il leur est dicté, ou tout au moins soufflé. Raisonnable, il l'est généralement. Les Français ont trouvé le mot juste : le mariage tel qu'ils le conçoivent, celui qui leur convient, celui qu'ils font presque toujours, c'est le mariage de raison.

Mariage de raison, c'est-à-dire mariage d'adaptation. Le Français y apporte son goût de la mesure et de l'équilibre, son horreur de l'outrance. Ce n'est pas un mariage emballant, ce n'est pas non plus un mariage résigné. On désire, de part et d'autre, y mettre de l'inclination, mais n'y pas mettre que cela, tenir compte des qualités de l'individu, mais aussi de celles de la situation. Au fond, ce mariage classique et sage, souvent conçu par les amis de la famille, arrêté par les parents, ratifié par les jeunes gens, ce mariage dans lequel chacun a son mot à dire et son rôle à jouer, est le plus répandu en France.

Les héroïnes de Molière n'en font guère d'autre et, si elles ont contre elles quelque père entiché de Tartufe ou quelque mère émerveillée par un Trissotin, tous les gens de sens rassis sont leurs auxiliaires. Un beau jeune homme distingue une jolie jeune fille ; ils s'aiment gentiment, sincèrement, raisonnablement, seront ravis s'ils s'épousent, auront le cœur gros si les événements viennent à la traverse de leurs projets et feront tout pour écarter l'obstacle ; mais, en cas d'échec, ils n'iront pas, quoi qu'ils puissent dire, se jeter, lui à la Seine, elle au couvent. Henriette, si elle ne peut avoir son Clitandre, n'épousera certainement pas Trissotin, mais elle finira par trouver un honnête homme dont elle sera la très honnête femme, heureuse après tout de son lot.

On se marie de la sorte en France, et entre Français, avec une joie saine et en somme assez calme, dans son milieu, entre égaux. Le Français et la Française peuvent être romanesques, ils ne le sont que jusqu'au mariage, exclusivement. L'idéal simple, sain et un peu borné de l'Henriette de Molière — elle n'est pas pour rien la fille du Bonhomme Chrysale et toutes les Françaises ont un peu de ce sang-là dans leurs veines — cet idéal est au fond celui de toutes ses sœurs : « un mari, des enfants, un ménage ». De leur côté, les jeunes gens ne demandent guère plus : une femme tendre, un intérieur, des bambins à aimer, pas trop nombreux. Le Bon Dieu des Français n'aime pas les grandes familles.

Cet idéal, il ne suffit d'ailleurs pas de le rêver, il faut le faire. Et l'affection, qui tend à naître entre ces êtres jeunes, frais et sains se développera tout naturellement à mesure qu'ils le construiront. Ce n'est pas Roméo et Juliette irrésistiblement attirés l'un vers l'autre. Ce sont deux fiancés qui, en toute clairvoyance et en toute sincérité, unissent leurs destinées pour accomplir ce devoir facile, — mais qui est pourtant un devoir, une tâche : être heureux en rendant heureux.

II

Si le mariage fonde la famille, il ne la constitue pas. Elle n'existe encore qu'en puissance. C'est avec l'enfant, et avec lui seul, qu'elle se réalisera pleinement.

Michelet soulignait déjà, en l'exagérant, cette prédominance du lien familial sur le lien conjugal. « Une chose curieuse en France, contradictoire en apparence et qui ne l'est pas, c'est que le mariage est très faible, et très fort l'esprit de famille... C'est ici l'esprit de famille qui annule le mariage[1] ». Mais l'annule-t-il vraiment, ou plutôt ne l'exalte-t-il pas? En réalité, il le consacre, il lui donne son vrai

1. Michelet, *La femme*, p. 12.

sens. La femme ne devient vraiment femme, épouse, que du jour où elle est mère. De ce jour seulement elle s'intègre à sa nouvelle famille, parce qu'elle en fonde une autre. Jusque-là, même aux yeux de son mari, elle faisait encore un peu figure d'étrangère. Elle était sienne, elle n'était pas proprement l'un des siens. Et, de ses beaux-parents surtout, elle ne se fera définitive-ment accepter qu'en créant d'elle à eux ce lien : l'enfant. Sans lui, elle reste en marge, elle manque à sa fonction.

C'est la place qu'elle fait à l'enfant qui donne à la famille française un caractère plus *naturel*, moins convenu qu'à toute autre, bien que, plus que les autres, elle résulte d'une convention. Cette place n'est pas seulement la première, c'est elle qui fixe, en se les subordonnant, le père et la mère à leur rang. La famille est le moyen dont l'enfant est la fin. Ce sont ses exigences tyran-niques qui commandent tout le système et toute l'économie du foyer, et notamment ce ton senti-mental qui à la fois surprend et charme l'étran-ger. Par lui et pour lui, des liens de camaraderie, d'intérêt parfois, deviennent ceux de l'intimité la plus étroite et la plus chaude. Les parents s'aiment en lui. Aussi, la *parenté*, en donnant au mot son sens latin, son sens étroit et fort, le lien de filiation, le lien du sang directement transmis de l'ascendant au descendant, la parenté a ici une valeur qu'elle ne présente pas au dehors. « Partout ailleurs, ce sentiment semble assez conventionnel. En France, il apparaît comme le plus spontané de tous les instincts[1] ».

Rien qui s'accorde mieux avec ce que nous savons déjà du caractère français, avec ce double besoin, qui pour lui n'en fait qu'un, d'affirmer sa personnalité et de se créer un objet. Et l'enfant satisfait aussi son désir de viser un résultat immédiat et toujours présent. L'enfant est son œuvre et l'enfant est encore lui-même. Il est son œuvre, œuvre physique de chair dont il a souvent la naïve fierté, œuvre intellectuelle et morale de cœur, de pensée, qui se continue et se parfait de jour en jour. Les parents ont conscience de se prolonger, de se recréer en quelque sorte en lui. Il réalisera tous leurs rêves, c'est comme leur idéal qui prend forme sous leurs yeux. Il y a en chacun de nous celui que nous aurions voulu être et que nous n'aurons pas été. L'enfant, c'est notre revanche, c'est la victoire de demain qui console par avance de la défaite d'aujourd'hui.

De là cet attachement passionné dont il est généralement l'objet. Ailleurs, les parents auront peut-être une conscience plus nette de leurs devoirs. Mais allez donc parler de devoir à qui aime ! On le gâtera, pour son plus grand mal, parce qu'on veut son plus grand bien. On en

1. B. Wendell, *La France d'aujourd'hui*, p. 115.

fera, par excès de tendresse incompréhensive, un petit Dieu qui exigera une adoration perpétuelle, on sera comme en extase devant lui. Mais on affirmera aussi, de la façon la plus farouche, son droit de propriété exclusive sur sa personne. Il ne s'appartiendra pas à lui-même, il ne se développera pas comme un être autonome, il sera la chose des siens. Aussi ne consentira-t-on guère à se séparer de lui, fût-ce pour son intérêt le plus évident, on le couvera jusqu'à sa puberté, jusqu'à sa majorité, et parfois bien au delà. C'est tout juste si on permettra au mariage de l'émanciper. Que de jeunes femmes, que de jeunes hommes aussi ont eu à lutter contre l'intrusion jalouse des leurs dans leur ménage ! La belle-mère française n'est rien moins qu'un mythe.

Mais ces excès d'affection parfois incompréhensive sont rachetés par le charme qu'ils répandent sur la famille française. Où trouverait-on, ailleurs qu'en France, des hommes à barbe grisonnante qui disent encore : « maman » et auxquels on répond : « petit » ? Dans ce pays, on prolonge indéfiniment l'enfance.

Et surtout, c'est par l'enfant que se rapprochent les deux époux. Venus de familles différentes, élevés, malgré la similitude générale de leurs milieux, selon des méthodes plus ou moins opposées, il pouvait y avoir entre eux des froissements, des heurts. Désormais, voici un nouvel être en qui ils se rejoignent et se retrouvent. En règle générale, les parents français aiment plus leur enfant qu'ils ne s'aiment l'un l'autre et pourtant ils s'aiment plus l'un l'autre depuis qu'ils ont leur enfant. Dès lors, il n'y a plus le mari et la femme, il y a le père et la mère. Le langage même en fait foi; on s'appelle entre époux, de façon courante, « papa » et « maman ».

La famille française est un vrai foyer d'altruisme. En elle, et en elle seule, l'individu apprend à se subordonner aux autres et à trouver sa joie dans cette subordination même. « Tous pour un, un pour tous ». Car la réaction se produit vite des enfants aux parents. Si nul ne sait aimer comme le père ou la mère français, nul n'est plus payé de retour. L'affection, ici, est mutuelle et s'exerce sans contrainte. Il n'y a plus guère trace en France du *paterfamilias* romain et de la matrone romaine. Le respect filial ignore les distances; il n'a pas le caractère réservé, un peu froid, qu'il conserve en Angleterre; il ne se réduit pas à la bonne et franche camaraderie qu'il présente aux États-Unis. Il est tout débordant de tendresse. Parfois l'étranger est comme choqué par cet abandon et cette familiarité. Ce laisser-aller surprend, semble indiquer moins de protection en haut, une obéissance plus relâchée en bas. Il n'en est rien, le plus souvent, et s'il est des familles où le respect s'en va, ce sont celles où l'affection diminue, et non celles où elle s'épanche. Mais le respect est enveloppé dans quelque chose qui le dépasse, « ce sentiment d'amour sans réserve qui peut aller jusqu'au sacrifice [1] ». Oui, il est très vrai de dire à propos du « foyer » français, où ne bat en somme qu'un seul cœur, où tous se rejoignent et se confondent presque en un seul être, qu'il « est l'endroit où la famille se trouve toute en un chacun [2] ».

Le grand besoin sentimental du Français, c'est la *sympathie*, au sens plein du mot, l'unisson psychologique, la communion dans une même pensée aboutissant de proche en proche à une véritable fusion des êtres, à une transfiguration en autrui. Et où cette sympathie trouverait-elle un milieu plus favorable, à son éclosion d'abord, ensuite à son épanouissement, que dans ce cercle étroit de la famille ? A la fois individualiste et généralisateur, c'est à des individualités, et à de toutes proches, que le Français éprouve instinctivement le désir de s'accrocher. Enfant, c'est à une mère ; jeune, à une maîtresse ou à une épousée toute neuve. Et, plus tard, et surtout, à l'enfant.

Il l'aimera de toutes les forces de son être, jusqu'à souffrir physiquement de ses peines. Ce n'est guère qu'en France qu'une Sévigné, cette mère « toute transmise à ses enfants », fera jaillir de son cœur à ses lèvres le mot incomparable adressé à

1. B. Wendell, *La France d'aujourd'hui*, p. 124.
2. *Id., ibid.*, p. 127.

sa fille malade : « Quand vous toussez, j'ai mal à votre poitrine. »

Faut-il s'en applaudir? En tout cas, ce serait en formulant bien des réserves. Dans cette famille sentimentale toute repliée sur elle-même, on fera peut-être des âmes délicates, mais plus malaisément des volontés fortes. L'enfant, en France, sera souvent précoce, il affectera plus vite qu'en Angleterre des allures de « petit homme ». Mais il sera plus nonchalant, plus lent à prendre une décision : il ne se posera pas dans la vie, il attendra qu'on lui trace sa voie. On vit trop pour lui, en effet, et il ne vit pas assez par lui-même. Il n'y a pas de question individuelle, dès l'instant qu'il s'agit de lui, qui ne prenne l'aspect d'un problème social. M. Barrett Wendell est tout surpris de constater, lui qui est habitué aux initiatives d'outre-mer, que, pour se prononcer sur sa carrière, on réunit un conseil de famille.

Cette solidarité avec les siens présente encore d'autres dangers. Elle a tôt fait de dégénérer en égoïsme et de multiplier les passe-droits. La France est le pays des fiefs héréditaires : charges publiques, offices de notaires ou d'avoués, et jusqu'aux circonscriptions électorales. Le favoritisme y bat son plein et c'est souvent le plus précieux des titres que d'être le fils de quelqu'un. Le prestige familial y tient trop aisément lieu de mérite personnel.

Autre péril, qui n'est pas moindre : l'individu reste trop fortement attaché à la petite collectivité dont il fait partie. Il hésitera à s'en séparer ou à s'en éloigner, il limitera son horizon au lieu de l'élargir. Il sacrifiera l'avenir au présent. De là ce manque d'envergure dans les projets de la plupart des Français. S'expatrier, briser des habitudes chères, renoncer à des affections proches est au-dessus des forces du grand nombre. Si le Français a l'âme d'un fonctionnaire plutôt que celle d'un explorateur, c'est pour beaucoup à ses parents qu'il le doit. On a, dès sa naissance, désiré pour lui la vie étroite et lente, le type de la vie heureuse pour des parents facilement effarouchés : médiocre le plus souvent, mais toujours assurée, elle ne l'obligera pas à trop d'aléas et notamment pas à celui, redoutable entre tous, qui l'obligerait à s'exiler. Et il se laisse faire. Non qu'il manque d'imagination ou de désir — on connaît sa passion pour les romans d'aventures — mais parce qu'il ne trouve pas de stimulant de la part des siens, bien au contraire, et parce que, personnellement, il ne se sent pas attiré par un attrait puissant vers une vie rude où le profit est au bout de l'effort.

Curiosité intellectuelle et mollesse pratique, telles seraient donc les caractéristiques de la jeunesse française. C'est le revers de la médaille, la rançon de cet attachement au milieu familial, attachement qui dégénère en servitude. En France, l'enfant est trop aimé pour pouvoir être libre. Il en est un peu du jeune garçon comme de la jeune fille; jusqu'à l'époque du mariage, il reste en tutelle et presque comme en lisières. On surveille, sinon sa vie privée, sur laquelle on ne ferme parfois que trop les yeux, du moins l'évolution de sa carrière et le choix de sa profession. Avant tout, on lui demande d'être classé, encadré, d'avoir une situation définie. Essayer vingt métiers avant de trouver le bon, comme le fait son frère d'Amérique, c'est être un raté. Et, dès que se dessine sa vie, elle se fixe, car aussitôt ou presque il fonde un foyer. Là encore, le mariage n'est pas pour lui un nouveau risque qui s'ajoute à d'autres, un risque qu'on est deux à courir; il ferme un cycle et il en ouvre un autre, il assied définitivement son existence. Il y a donc peu de place pour les larges initiatives, les coups d'audace. Avec souvent des allures de matamore, le jeune Français est et reste au fond un timide.

Tout d'ailleurs l'encourage à l'être. Les lois sur l'héritage ne favorisent que trop cette tendance. Où sont les cadets d'Angleterre, ceux qui n'ont à compter que sur eux-mêmes et sur leur esprit d'entreprise? Le partage égal entre enfants assure à chacun la jouissance d'un lot, médiocre peut-être, mais suffisant pour atténuer en lui le désir de se constituer une fortune. La loi du moindre effort devient alors la règle.

Et cela d'autant plus que les parents hésiteront à donner le jour à un trop grand nombre de copartageants éventuels. Pour qui connaît le rôle et l'importance du patrimoine en France, la limitation des naissances n'a rien de surprenant. Le patrimoine, c'est-à-dire la fortune acquise, recueillie, conservée, grossie et transmise, la propriété qui survit au propriétaire et qui vivait déjà avant lui! Le patrimoine, véritable Dieu lare, idole vénérée de la famille bourgeoise! L'idée qu'il va se dissoudre en parcelles suffit souvent pour paralyser le désir d'avoir d'autres enfants. Deux, passe encore, les morceaux seront assez gros; mais davantage, non pas. L'éparpillement de la fortune prend aux yeux de son détenteur une allure de catastrophe.

Et, par suite, on crée chez l'enfant un déplorable état d'attente. Il compte moins, fût-ce à son insu, sur ses propres aptitudes pour se faire une vie autonome que sur l'effort ancestral dont il n'aura qu'à recueillir les fruits. Déjà, la pratique de la dot favorisait cette tendance. La dot, c'est proprement une avance d'hoirie, une sorte de dessaisissement partiel des ascendants en faveur des descendants. C'est, de leur part, comme un aveu implicite que les destinées et la pérennité de la famille doivent être mises au premier plan, qu'elles dépassent l'intérêt de l'individu. Mais le bénéficiaire y voit surtout un moyen de jouissances sans la contrepartie d'un effort de sa part. Et, dans sa pensée, s'y ajoute — nous l'avons indiqué plus haut — ce souci des *espérances* qui lui donne moins le goût de se faire une vie que celui de profiter d'une vie toute faite.

Tout conspire donc à atténuer, à anémier l'énergie des jeunes générations. La France, et plus précisément la famille française, est ou du moins jusqu'à ces derniers temps a été trop riche. Aussi est-elle restée conservatrice au lieu d'être créatrice. Elle a pratiqué la vertu d'épargne, elle n'a pas dilapidé le sacro-saint patrimoine, elle l'a même accru, ou plutôt elle l'a laissé s'accroître, faire boule de neige en vertu de la vitesse acquise, en économisant une partie des revenus, au mieux en laissant la machine marcher toute seule, l'industrie ou le commerce suivre leur train-train habituel. Elle a moins vécu qu'elle ne s'est laissé vivre. Comme les peuples heureux, cette famille heureuse n'a pas eu d'histoire.

Le réveil a été douloureux, angoissant, il aurait pu être terrible. Ce fut la ruée du Germain, mordant à pleines dents, au nom des cinq enfants affamés de la famille allemande, dans les aliments entassés pour l'enfant unique, et repu jusqu'à la satiété, de la famille française.

La crise de la natalité dont souffre le pays est parfois une crise de misère, plus souvent peut-être une crise de jouissance et plus encore un effet des sentiments de famille mal compris. Ne pas frustrer l'enfant, ne pas lui voler sa part de richesse et sa part d'affection, tel est au fond le mobile qui dicte aux parents leur ligne de conduite prudente et bornée. Et cela, en réalité, pour le plus grand mal de celui ou de ceux qu'ils aiment. On fait d'eux des êtres capricieux, des faibles, on en fait surtout des isolés. Une nombreuse famille, c'est comme une petite armée, une entr'aide utile de tous ceux qui la composent, une sorte de franc-maçonnerie naturelle dans l'âpre lutte pour l'existence. Une famille limitée, *a fortiori* un enfant unique, c'est un élément de faiblesse. La prétendue protection se retourne contre celui qu'elle voulait couvrir. On lui crée une vie fausse et une personnalité incomplète. Et l'on dilue en rêve une énergie qui devrait être tournée vers l'action.

S'il est un vœu à formuler — et d'ici peu sans doute les événements se chargeront de le faire passer au nombre des réalités — c'est que le lien familial, sans se détendre, ne soit plus ce qu'il a été trop longtemps jusqu'ici, une chaîne. C'est qu'on donne à l'enfant, dès la famille, une éducation de liberté et non de « vaine tendresse », c'est qu'on lui insuffle le désir d'agir et non celui d'être câliné. Et cela d'autant qu'on trouve en lui, dans sa nature fine et nerveuse, de précieux éléments dont il serait facile de tirer parti. C'est, en effet, un être déconcertant : il est individualisé à l'extrême, il a une personnalité

intellectuelle plus développée que partout ailleurs;
nos écoliers, tout « rossards » qu'ils puissent être,
ont des connaissances et une culture d'esprit dont
n'approchent pas leurs petits camarades des
autres pays civilisés; et le mérite n'en revient
pas seulement à leurs maîtres — tout supérieurs
qu'ils soient, en moyenne, à ceux des autres
pays — mais surtout à leur merveilleuse faculté
d'adaptation et de civilisation. Et avec tout cela,
et malgré tout cela, ils sont désarmés dans la vie,
hésitants, apeurés devant la moindre résolution
à prendre. Nulle part une nature plus riche ne
donne de plus maigres fruits.

Le vrai remède, c'est de multiplier le nombre
des enfants, c'est plus encore peut-être de détacher en quelque sorte l'enfant des siens. Les deux
choses vont d'ailleurs de pair. Le jour où il faut
s'occuper de cinq ou six garçons ou fillettes, il n'y
a plus place pour l'adoration perpétuelle et stéri-
lisante de l'unique, de l'élu. Il s'élève lui-même,
et il est élevé par ses frères et sœurs. Il réalise cette
indispensable condition de l'éducation saine, qui
est d'avoir un milieu, de vivre avec des égaux, et
non d'être l'objet d'un culte.

Le devoir présent — qui se confond avec l'intérêt le plus immédiat — c'est de viriliser la famille
française.

CHAPITRE II

LA VIE POLITIQUE

Précisément parce qu'elle est multiple et variée dans ses modes d'expression, la France manifeste une vie politique intense. Trop intense même, car il semble qu'à la fois elle absorbe et elle disperse ses énergies.

Elle les absorbe au point de les détourner de tâches plus fécondes et plus utiles. Si le commerce et l'industrie restent languissants, c'est en partie parce que l'on préfère à ces tâches silencieuses, exigeant un effort tenace et continu, les discussions du *forum*, du cercle ou même du café. On sait à quel point, dans le Midi surtout, la passion politique et les luttes de partis excitent les habitants. Mais il y a pire et l'on peut dire qu'en France la vie politique, si elle ne l'annule, retarde la vie sociale. La réorganisation économique se fait plus vite, les œuvres d'assistance et d'hospitalisation fonctionnent mieux dans l'aris-

tocratique Angleterre ou dans l'autocratique Allemagne qui commence à peine à s'émanciper que
dans notre France démocratique et républicaine.
A force de vouloir consolider le régime, on oublie
de le réaliser. On fabrique et on améliore l'instrument, on néglige de s'en servir.

D'autre part, cette effervescence révolutionnaire qui est dans notre sang empêche la constitution de groupements solides et définis; elle
aboutit à un émiettement des partis, à une poussière de groupes et de sous-groupes dans lesquels
se dissout l'unité d'orientation et la direction
d'ensemble des affaires nationales. Rien chez nous
qui ressemble aux deux grands partis anglais des
whigs et des tories entre lesquels s'était, jusqu'à
ces dernières années, avant la formation du
Labour party et les modifications profondes
opérées par la guerre, partagée l'influence politique. Rien non plus qui offre la stabilité du centre
allemand au Reichstag ou de cette Socialdémo-
cratie qui, jusqu'à la guerre, formait un bloc
compact. Ici encore, l'individualisme joue de ses
tours. Chacun tire la couverture à soi, et c'est le
pays qui en souffre. Ce n'est pas l'individu contre
l'État, ce qui serait peu ; trop souvent, c'est l'individu contre la nation, ce qui est pire.

Et, malgré la consolidation du régime actuel
qui, après quarante-sept ans d'existence et plus de
quatre ans d'une guerre sans précédent, a résisté

mieux que le tzarisme russe, mieux que l'impérialisme austro-hongrois et même que l'impérialisme allemand aux menaces de l'ennemi intérieur, malgré cette fermeté de la Troisième
République, la question reste pendante : Que
veut la France, et qu'est-elle au fond? Veut-elle
vraiment la démocratie et est-elle réellement
démocratique, comme semblent le prouver à
la fois les affirmations réitérées de ses dirigeants et les consultations renouvelées du suffrage universel ? Ou n'aspire-t-elle pas à un
gouvernement fort, ne demande-t-elle pas un
sabre, une poigne, une dictature? Est-elle républicaine de tendance, et non pas seulement de
façade ? Reste-t-elle, comme on l'affirme parfois,
napoléonienne en son essence, et ce peuple
d'hommes n'est-il pas, une fois de plus, en quête
d'un homme auquel il serait prêt à se livrer pieds
et poings liés?

A en juger par le passé de la France, et par son
passé le plus récent, qui pourrait répondre de son
avenir ? N'a-t-elle pas tour à tour donné au problème de son organisation politique les solutions
les plus diverses? Et n'en admettra-t-elle pas
encore d'autres, les plus imprévues peut-être? Du
jour où on a mis le bulletin de vote entre les
mains des Français, on a risqué la grande aventure. A la fois traditionnaliste et révolutionnaire,
ce peuple est fait pour étonner l'univers par les

bouleversements de son économie intérieure. De quoi son demain sera-t-il fait?

Mais on peut essayer de jeter quelque lumière dans cette nuit. Depuis 1789, la France a adopté une devise à laquelle elle s'est efforcée de rester fidèle : *Liberté, égalité, fraternité*. Cette trinité laïque, si l'on peut dire, constitue son *Credo* essentiel. Mais à ces affirmations de principe que correspond-il dans la réalité? La France les a proclamées, les a-t-elle vraiment voulues? Et, les voulant, a-t-elle su de ces possibles qui expriment son idéal faire jaillir un actuel qui leur ait permis de prendre corps dans les faits?

I

La liberté est la première, sinon peut-être la plus profonde des aspirations du Français, et Quinet ne se trompe pas qui voit en elle l'âme de la grande Révolution. Son but essentiel fut de faire tomber les chaînes et la prise de la Bastille est restée notre fête vraiment nationale, la fête de la délivrance.

Et pourtant, est-il un peuple qui ait supporté plus patiemment une plus longue et plus redoutable servitude? On évoque malgré soi, quand on songe aux serfs de l'ancien régime, attachés ou plutôt enracinés à la glèbe, les vers de Musset

chantant les souffrances et la révolte des nègres
de Saint-Domingue :

> ..... Après combien d'années
> De farouche silence et de stupidité,
> Vos peuplades sans nombre, au soleil enchaînées,
> Se sont-elles du sol enfin déracinées
> Au souffle de la haine et de la liberté ?

Nos paysans aussi, et même nos ouvriers, tout
comme le moujick du tzarisme, ont subi pendant
des années la menace du knout ou celle des Bas-
tilles. Ils ont connu l'enrôlement forcé, la lettre
de cachet, les galères. Et avec quelle ardeur ils ont
fini par secouer le joug détesté et passivement
accepté !

Ne soyons pourtant pas trop dupes des apparences. Si la France est le pays des grandes
secousses, c'est que, même aux heures de la pire
compression, elle contenait des ferments de
révolte. L'instinct de soumission a toujours, dans
notre pays, recouvert un instinct de résistance à
l'oppresseur qui n'était lui-même que la forme
spontanée et primitive d'un grand besoin de justice. A toutes les heures de son histoire, le but
obscurément poursuivi par le Français a toujours
été de trouver un régime, un mode d'organisation
qui permît la réalisation intégrale de l'individualité et de *toute* individualité. Mais il se heurtait à
une difficulté qu'il n'a jusqu'ici que très imparfaitement résolue : il lui fallait concilier deux tendances
contradictoires, celle de son intelligence, de son

bon sens qui exigeait l'ordre, la régularité, la sécurité ; et celle de son tempérament, de sa nature tumultueuse qui, voulant vivre, n'hésitait pas pour se réaliser à briser toutes les formes, à faire craquer tous les cadres sociaux. De là cette double aspiration contradictoire : une autorité qui garantisse la liberté, une anarchie qui la réalise.

Ainsi s'expliquent ces sautes incessantes de la réaction extrême à l'extrême révolution. Mais, à travers toutes ses expériences politiques et sous tous ses régimes, même les plus absolutistes, c'est la liberté que la France a voulue et cherchée, même si elle ne l'a pas toujours trouvée. Quand elle a élu un roi, ce fut pour s'affranchir des liens féodaux et la monarchie a représenté, pendant des siècles, le principe d'indépendance contre le principe de compression et d'étouffement. Même un Louis XVI, en dépit des fautes de ses aïeux et de la vie scandaleuse de son devancier, fut salué par la Révolution naissante comme le roi des Français, le roi libérateur, et il n'eût tenu qu'à lui, avec des vues moins courtes et une conception politique plus avisée, de devenir un monarque constitutionnel et d'épargner peut-être au pays un siècle de déséquilibre et de désarroi. En tout cas, s'il fut acclamé à son avènement, ce fut comme le garant des libertés individuelles. Et l'engouement de la France entière pour un Napoléon, cette adoration qui l'a conduite au triomphe d'abord et finalement au désastre, ce fut encore et toujours cette foi dans le sauveur et dans le protecteur de l'individu.

Le sens profond de cette contradiction apparente, c'est que la France a toujours indissolublement uni les deux idées de liberté individuelle et d'unité nationale. L'indidividu dans et par la nation, voilà son objectif et son idéal. Combien différent de celui de la Russie actuelle! La liberté, pour elle, n'a pas été la dispersion, mais la concentration et la coordination des efforts. *La France aux Français*, cette expression depuis galvaudée et faussée, comme elle avait alors son sens plein! La France arrachée à un seul pour être rendue à tous. Mais elle appelait sa contrepartie nécessaire : *Les Français à la France*, à toute la France, d'autant plus libre qu'elle serait plus une ou que, plus simplement et sans plus, elle serait. Là-bas, dans cet empire immense, fait de pièces rapportées, on divise *la* Russie pour en faire *les* Russies, on va du général au particulier, du tout aux parties, et peut-être, hélas! de l'être au néant. En France, ce fut l'inverse : excédé des pouvoirs locaux, parcellaires et d'autant plus tyranniques, le peuple a aggloméré, soudé en un bloc cette poussière d'atomes disparates et distincts; il est allé des parties au tout, du particulier au général et, là où le bolchevisme détruit, il a créé.

Jusque dans la réalisation de la liberté, le Français apporte son esprit logique et généralisateur.

Il veut ou plutôt — lui qui ne sait guère vouloir — il désire ardemment que la liberté soit. Et, pour qu'elle puisse être, il la situe dans un ensemble, il comprend, fût-ce sous une forme gauche et imparfaite, que la force du tout est nécessaire pour le développement intégral de chacun de ses éléments.

C'est en ce sens, et en ce sens seulement, que le Français tient à l'existence de la loi, que ce frondeur consent à devenir un discipliné — dans la mesure où il peut l'être. Non pas que dans cette loi il voie un impératif qui l'oblige, et le plus clair de ses efforts sera souvent d'échapper à ses prescriptions trop gênantes. Avec le héros d'Émile Augier, Maître Guérin, il serait souvent tenté de dire : « Je la tourne, donc je la respecte. » Le Français fraude l'octroi, monte en première avec un billet de seconde, bref, il tâche de tromper le gendarme. Mais il lui faut un gendarme pour garantir son droit. Son *droit*, c'est à-dire sa liberté reconnue, sanctionnée, au besoin même quelque peu favorisée aux dépens de la justice, voilà ce qui par-dessus tout lui tient à cœur. Il veut être pleinement lui-même, et pour cela il exige une protection. La loi, ce n'est pas pour lui l'objet d'un devoir, encore moins d'un culte, c'est la promesse d'une sauvegarde.

Mais la loi n'est possible que par la nation, elle-même incarnée dans l'État. Aussi, après avoir formulé ce postulat : Je pose l'homme, il y ajoute ce corollaire : Pour que l'homme soit, il faut que soit la nation. La nation, c'est-à-dire un moyen beaucoup plus qu'une fin, la charte des droits individuels, une garantie pour la personne. Et d'ailleurs, entre elle et lui, rien, pas d'intermédiaires. Pas de pouvoir provincial, local, fédéral qui, sous un nom ou sous un autre, établirait une cloison plus ou moins étanche entre le citoyen et l'État. La souveraineté nationale, directement représentative de chacun et de tous, apparaît comme la condition et la garantie de la liberté individuelle.

Mais, précisément parce qu'il ne croit au fond qu'à l'individu, et qu'à lui-même, le Français tend à se représenter cette souveraineté sous la forme d'un souverain, souverain choisi, voulu, mais enfin un homme comme lui et qui, dans sa pensée, soit encore lui, un homme représentatif dans lequel il s'incarne. Il y a là sans doute une déviation de l'individualisme, et qui est grave et qui peut aboutir à des catastrophes, Sedan et Waterloo, pour ne citer que les plus récentes et les plus tragiques. Mais cette erreur se comprend, elle s'excuse même si elle ne se justifie pas. C'est la fausse interprétation d'un très juste instinct, à savoir que pour conduire des hommes et pour qu'ils se conduisent eux-mêmes, il faut un homme, un élu.

Et c'est à l'élection en effet, et non plus à un

droit divin ou à un droit héréditaire désormais caduc que de tels hommes, lorsqu'ils se sont rencontrés dans l'histoire, ont dû leur prestige et leur ascendant sur les masses. Élection spontanée s'exprimant par des acclamations unanimes et non par des votes lorsqu'il s'agit d'un meneur d'hommes comme Napoléon premier. Élection plus régulière, au moins dans la forme, plébiscite renouvelé à toutes les heures critiques de son règne, lorsqu'est en cause une personnalité médiocre et incertaine comme celle de Napoléon III. Mais dans les deux cas le principe reste le même : il faut laisser à ce peuple l'illusion de la liberté alors qu'on lui en retire la substance. Il ne supporterait plus un roi, mais il s'accommode parfaitement d'un dictateur. Un roi vous est imposé du dehors, un dictateur est l'expression, au moins apparente, de la volonté populaire : en lui c'est soi-même qu'on vénère. Aussi n'y a-t-il guère à craindre en France une restauration monarchique ; le seul risque, moindre aujourd'hui d'ailleurs qu'il ne le fut jamais, serait à la rigueur celui d'un « soldat heureux » ou d'un audacieux tribun s'emparant du pouvoir à la suite d'un emballement momentané. Et ce ne serait qu'à la faveur d'une équivoque que, d'aventure, il pourrait réussir, moins encore comme sauveur de l'ordre que comme gardien tutélaire de la liberté.

On retrouverait dans le socialisme français ce même caractère qui lui donne une sorte de saveur originale. Il n'est pas doctrinaire et discipliné comme en Allemagne et, s'il s'affirme égalitaire — nous verrons plus loin en quel sens et avec quelles restrictions — il est par-dessus tout libéral. Il satisfait moins des appétits qu'il ne répond à des aspirations. Il ne se confine pas dans la formule scientifique du *matérialisme économique* dont il serait l'aboutissant naturel et nécessaire : il repose avant tout sur le droit, sur l'affirmation légitime de la personne comme personne. Son but n'est pas de l'enregimenter, mais de l'affranchir pour lui permettre de porter au plus haut point toutes ses puissances. Autant le langage d'un Marx, d'un Engel, est réaliste, autant leur système apparaît logique dans sa marche et déductif dans ses conséquences, autant, au contraire, la parole d'un Saint-Simon, d'un Blanqui, d'un Louis Blanc est pénétrée d'un large esprit d'idéalisme, de justice et de bonté. De ce socialisme, Jaurès fut l'apôtre. En Allemagne, Marx en reste le théoricien. Sans doute, de part et d'autre, on trouverait un fond commun, tous deux s'inspirent d'une même conception générale de la réalité sociale, mettent en lumière le conflit des intérêts et la lutte des classes. Mais là où l'Allemand ne voit qu'un problème à résoudre, le Français pressent un idéal à faire éclore. Toute la différence des tempéraments de race est là. L'un est socialiste par système, l'autre par générosité native.

Et ce qui est vrai des leaders ne l'est pas moins de leurs troupes. En Allemagne, elles sont dociles, offrent une matière facile à pétrir, à couler dans les moules préparés d'avance pour la recevoir et pour lui imposer leur forme. Il en est du socialisme allemand comme de la métaphysique allemande, ou plutôt ce socialisme est une métaphysique, un *a priori* qui se réalise. On fait rentrer l'homme dans les catégories sociales comme on faisait rentrer la nature dans les catégories intellectuelles. Marx est un Kant socialiste, avec la même vigueur dialectique, mais aussi avec la même rigidité et la même étroitesse. Il force la matière humaine à se plier à la forme collectiviste et elle l'accepte aussi passivement que les intuitions empiriques subissaient l'emprise de la raison pure. Et, *en Allemagne*, sa formule réussit à merveille. La Social-Démocratie est une organisation des masses ouvrières dont on ne trouverait l'équivalent nulle part ailleurs. Mais c'est bien en effet une organisation de masses qui ne laisse aucune place à l'initiative individuelle.

Aussi n'y a-t-il guère d'anarchistes en Allemagne, il n'y a pas de hors la loi, il n'y a pas de hors cadre ou, si d'aventure il s'en manifeste, ils sont brisés. La défaite même n'a pas provoqué outre-Rhin une véritable révolution. Car la révolution même sera logique ou elle ne sera pas. Elle viendra à son heure, elle se déclanchera au signal du chef, elle ne procédera pas d'explosions courtes, violentes, isolées, sporadiques. L'individu ne fait pas bande à part. L'anarchisme, avec tous les périls qu'il présente et dont la Russie nous offre actuellement le désastreux spectacle, a du moins pour lui d'être une exagération et une exaspération de l'individualité déchaînée ; c'est la liberté chaotique, déréglée, mais c'est la liberté, l'horreur du joug, le besoin d'émancipation quand même. Il ne se comprend que pour des peuples qui n'ont pas été pendant des siècles façonnés et malaxés, corps et âme, à l'école d'un Frédéric II.

Ce sont au contraire des tendances anarchisantes qui se manifestent dans le socialisme français. Le prolétariat ne se laisse pas aisément embrigader dans des organisations, le mouvement syndical est faible et, là même où il réussit, c'est souvent de façon extérieure et toute factice. Le nombre des syndiqués est mince si on le compare aux gros bataillons d'outre-Rhin, et il est surtout flottant et capricieux selon les hasards du moment. Quant à l'organisation politique, elle est encore plus rudimentaire. Si le socialisme réussit, c'est plutôt grâce à son action momentanée sur les masses pendant la période électorale que par la continuité régulière de son ascension. Il est moins un courant qu'il n'est un élan.

Aussi le parti s'en ressent-il, il a du mal à constituer son unité et il n'y parvient jamais qu'imparfaitement. Il y a toujours, grandes ou petites, des fractions dissidentes, et entre majoritaires et minoritaires, la lutte est acharnée, violente toujours, parfois haineuse. Mais surtout, le socialisme français ne sait guère ni supporter ni conserver ses chefs. Il entend exercer sur eux un contrôle jaloux et soupçonneux que ceux-ci, pour les mêmes raisons, n'acceptent que malaisément. Et bien souvent, impatients du joug, ils le secoueront et deviendront dès indépendants, des sauvages. A l'heure actuelle, nombre de ses anciens leaders, les Viviani, les Millerand, les Briand ont abandonné ses rangs. A peine est-il encadré que le Français rue dans les brancards. Il demande à être libre plutôt même qu'à être satisfait.

Au total, le Français est un affranchi ou du moins il se veut tel. Il est très exactement un libéral et plus exactement peut-être encore un libérateur. Il entend briser ses chaînes, et du même coup celles de son voisin, en un mot il vise à assurer à l'individu les conditions de la vie heureuse. Il fait d'ailleurs consister le bonheur non pas tant dans la possession de la richesse que dans la facilité à orienter sa vie dans le sens de ses préférences. Il n'est pas, sauf exception, extrêmement ambitieux, il ne vise pas des buts grandioses et lointains, il est à lui-même sa fin. Non pas dans le sens d'un égoïsme étriqué, d'un repliement de l'être sur lui-même qui aboutirait finalement à une annihilation ; mais dans celui d'un développement facile et au besoin capricieux de sa personnalité. Par suite, il lui faut être libre parmi d'autres êtres également libres. Il étoufferait, non-seulement s'il se sentait arrêté ou limité dans son expansion propre, mais s'il ne pouvait évoluer que dans un milieu sur lequel il sentirait peser une contrainte. Toute servitude lui est odieuse sauf — et encore ! — les servitudes consenties.

Nationaux et étrangers sont d'accord pour reconnaître le libéralisme foncier de la France. Heine et Quinet l'ont également exalté. Le premier, frappé de la différence entre cette mentalité heureuse et l'esprit caporalisé du Prussien, montre que notre pays a toujours défendu « le principe de la liberté et de l'égalité » et il met au premier rang, à l'avant-garde de l'humanité, « les représentants de ce principe, les Français [1] ». Quant à Quinet, on sait que pour lui la Révolution tout entière fut une immense aspiration à la libération nationale et universelle. Et il n'est pas jusqu'à Renan qui, en dépit de sa défiance à l'égard de la démocratie, ne proclame que « le libéralisme est l'œuvre nationale de la France [2] ». Elle était prédestinée, en s'affranchissant, à amorcer l'affranchis-

1. Heine, *Allemands et Français*, p. 109.
2. Renan, *Feuilles détachées*, p. 288.

sement du monde. Aussi les premiers coups, et les plus durs, de toutes les forces de compression qui peuvent subsister en Europe ont-ils toujours été dirigés contre elle. Hier encore, ce que l'Allemagne combattait en nous, c'était moins une nation qu'un principe.

Mais cette liberté, si généreuse soit-elle, et en partie parce qu'elle l'est, est une liberté incomplète. Elle est un moyen de réaliser plutôt qu'une réalisation effective, elle détruit plus qu'elle n'édifie. Si elle est un affranchissement, elle n'est pas une autonomie. C'est la liberté sans loi, sans frein, sans règle, c'est la liberté anarchique.

Et par suite, ici encore, nous retrouvons ce trait déjà signalé du tempérament français : il désire la fin sans vouloir les moyens. De là son attrait, mais aussi ses périls. Si le Français sait ce qu'il veut, il ne sait pas le vouloir. Au fond, l'anarchisme est bien le but final, le couronnement de l'édifice : l'État n'existe que pour l'individu, soit. Mais par là même cet État se justifie en raison, et avec lui l'ensemble des restrictions et des disciplines qu'il implique. Si l'individu couronne l'édifice, il le suppose, et trop souvent le Français le nie ou le détruit. Il cherche à échapper aux obligations du dehors sans s'imposer à lui-même une obligations du dedans. Il agit, il ne sait pas se fixer un principe d'action.

C'est cet anarchisme qu'en l'exagérant d'ailleurs

Comte reproche à la Révolution française, c'est lui qu'on peut plus encore objecter à l'âme individuelle. Le Français a l'amour de la liberté, il n'en a pas le respect et trop souvent il la galvaude. L'Anglo-Saxon, qui lui est nettement inférieur en qualité, l'emporte sur lui, si l'on peut dire, par sa trempe. Moins riche, moins féconde aussi, la liberté britannique est plus morale, parce qu'elle sait se discipliner. Moins individualisée, elle a pourtant un sens plus juste et plus fort de la valeur individuelle. Plus que le Français, l'Anglais est le produit de sa volonté. On trouve chez lui un sentiment de dignité personnelle, de *self control*, qui fait défaut chez le premier, plus amusant, plus différencié, plus frondeur, plus gavroche. L'Anglais domine sa nature là où le Français suit la sienne. L'un nous offre le spectacle d'une énergie qui, tout en se déployant, se maintient dans les limites qu'elle s'est fixée; c'est une puissance : être libre, c'est s'affirmer. L'autre nous montre une individualité qui s'abandonne; ce serait plutôt une jouissance : être libre, c'est se laisser aller. La liberté française est moins une liberté morale qu'une liberté esthétique, le libre jeu de ses facultés. L'Anglais veut être libre pour se faire une vie, le Français pour vivre, tout simplement.

Il y a donc un mélange d'ardeur et de paresse dans cette conception de la liberté. Ces deux traits ne se contredisent nullement, car l'un et l'autre impliquent l'horreur de la contrainte, le rejet de la discipline. C'est une nature qui se déploie, c'est une nature qui s'affaisse, ce n'est jamais une volonté qui se tend, qui se raidit. Aussi le Français n'a-t-il pas, tel l'Anglais, la religion de la liberté, elle est pour lui un objet de désir, non de culte. Heine a finement marqué la différence des deux points de vue à l'aide d'une comparaison heureuse. Dans la liberté, l'Anglais voit sa femme légitime et le Français sa fiancée. Chez l'un plus de sérieux et chez l'autre plus de fraîcheur.

Sur ce point comme sur tous les autres, la France joue son grand rôle, son rôle coutumier d'initiatrice, d'instigatrice. Elle formule la liberté plus qu'elle ne la réalise. Elle trace un plan plus qu'elle ne le remplit. Ou plutôt, comme toujours, elle s'arrête à mi-route. Elle déblaie le terrain, elle ne construit pas la maison. Elle apporte son esprit critique de négation, de destruction des obstacles pour laisser le champ libre à l'activité individuelle. Et celle-ci, fleur merveilleuse, n'aura plus qu'à s'épanouir. D'ordre, d'organisation, de limitation, il ne saurait être question, le Français les a en horreur. Tel Nietzsche, il est au delà du devoir, au delà de la règle. Et pour lui, peut-être, la chose est possible, à cause de sa valeur d'exception. Mais pour d'autres, plus médiocres, moins complètes, elle ne laisserait pas que d'être dangereuse ; ils ont besoin d'une tutelle dont il peut plus aisément faire fi.

Malgré tout, même pour lui, la liberté ainsi conçue est encore incomplète. Va-t-il la parfaire, ou au contraire l'amoindrir, en y joignant l'égalité ?

II

Plus encore que celui de la liberté, le souci de l'égalité hante l'âme française. Il n'en est pas qui lui tienne plus à cœur. Les jacobins qui, pendant la Révolution, avaient institué le tutoiement obligatoire ne s'étaient pas mépris sur ce besoin fondamental : le Français n'admet pas de ne pas être traité sur le même pied que son voisin. On connaît le langage un peu vert des marchandes de la Halle et des cochers de fiacre parisiens et l'on sait qu'en dépit de leurs manières souvent trop obséquieuses les domestiques et les fournisseurs ne se laissent pas aisément dominer par un patron ou un client. En leur for intérieur, sinon toujours en fait, les Français ne tolèrent pas qu'on les regarde comme des inférieurs. Disons plus, chacun, dans ce pays, est si jaloux de son indépendance et si confiant dans sa propre valeur qu'en son fond il n'est pas loin de s'estimer supérieur à tous les autres. En tout cas, il entend former avec eux une société d'égaux.

Mais comment faudra-t-il comprendre cette égalité? Devrons-nous y voir, avec Quinet et bien d'autres, une tendance au nivellement des valeurs et des intelligences, une sorte de neutralisation réciproque des supériorités et des infériorités naturelles donnant pour résultat un type d'humanité moyen? Démocratie est-elle synonyme de médiocratie? Ou s'agit-il simplement d'égaliser les chances, de permettre à chacun de se développer selon ses aptitudes? Est-il question d'une égalité sociale, d'une égalité des conditions? ou d'une égalité morale et d'une égalité politique, d'une égalité des personnes et d'une égalité des droits?

La première affirmation est trop absolue, elle est même au fond en contradiction avec la nature intime, avant tout intelligente et intuitive, de l'âme française. Celle-ci est à la fois trop complexe et trop avertie, elle a trop le sentiment des différences et des nuances pour mettre tous les hommes sur le même plan. Elle s'entend au contraire à dresser une « table des valeurs » et c'est ainsi qu'on s'explique cette société très hiérarchisée qui se rencontre dans notre pays.

Mais il y a hiérarchie et hiérarchie comme il y a fagots et fagots. La France est égalitaire en ce sens qu'elle se refuse chaque jour davantage à admettre une hiérarchie aristocratique, au sens ancien du mot, une hiérarchie de castes et de classes. Sans doute, on y trouve encore des milieux fermés, les « fossiles » se rencontrent partout dans les vieilles civilisations et, notamment, la noblesse est parfois encore réfractaire aux mélanges bien qu'elle aussi, à l'occasion, s'encanaille et plus souvent encore s'embourgeoise. On trouverait plus d'un nom du Gotha qui n'a pas trop cru déroger en acceptant les écus de la haute industrie ou du gros commerce. En un autre sens encore il y a, si l'on peut dire, une spécialisation mondaine : les salons académiques ne sont pas ceux de la magistrature ni ceux de l'armée. Mais si le classement est en quelque sorte professionnel — et il ne l'est que très partiellement — il ne repose pas sur une opposition de principe, sur un *veto* opposé à telle ou telle catégorie d'individus. Au fond, la France applique le principe révolutionnaire, au moins en partie : pas d'autre distinction que celle des talents, — sinon celle des vertus qui, on doit le reconnaître, est moins couramment reconnue et pratiquée. Mais on juge un homme sur ce qu'il est et sur ce qu'il s'est fait bien plus que d'après sa naissance ou son origine. L'accès des carrières est, en théorie, ouvert à tous, en pratique à un nombre toujours accru de compétiteurs. N'importe qui, pour peu qu'il fasse preuve d'intelligence et d'énergie, peut aspirer — et arriver — aux plus hauts postes de l'État ou aux situations les plus brillantes dans le commerce, l'industrie ou les carrières libérales.

D'ailleurs, cette aisance relative avec laquelle le Français améliore sa condition donne en partie raison à Quinet. C'est parce qu'ils sont, jusqu'à un certain point, intellectuellement égaux que les habitants de ce pays tendent à le devenir socialement, sinon toujours économiquement. Le « nivellement politique et social » serait bien l'effet d'un certain « nivellement physiologique[1] ». Il en serait d'ailleurs aussi la cause. Tant qu'une misère physique excessive a pesé sur le peuple, tant que le prolétariat des champs et des villes n'a guère présenté que ces « animaux à forme humaine » qui, dès le xviie siècle, excitaient la pitié frémissante d'un La Bruyère, il ne pouvait être question d'égalité civile et politique. Il faut qu'on soit déjà l'égal d'autrui pour tendre à le devenir. L'amélioration de la vie matérielle a créé le désir et rendu possible la réalisation de l'idéal humanitaire.

Mais, aussitôt qu'il a été conçu, dans cette race vive, éprise de liberté, il a fallu que cet idéal passât de la puissance à l'acte. Il ne pouvait, comme en Allemagne où la passivité des esprits permet de concevoir la théorie sans en exiger la mise en pratique, ou comme en Angleterre où les traditions locales et le pli d'esprit religieux main-

1. Quinet, *L'Esprit nouveau*, p. 85.

tiennent à la fois le sentiment du conservatisme social et le respect des distances, — il ne pouvait rester à l'état d'aspiration vague ni même être envisagé comme le but lointain dont on se rapproche par étapes successives. Le Français vit dans le présent, nous l'avons vu. Vite et tout, telle est sa devise. Il ne sait, ne peut ni ne veut attendre. A peine s'est-il représenté l'image d'un bien qu'il en exige la jouissance immédiate.

C'est pourquoi sa Révolution fut, en matière d'égalité, — du moins d'égalité dans les moyens — si rapide et si décisive. Toutes les « exceptions » furent balayées et remplacées par des juridictions identiques pour tous. Et, dans le domaine social proprement dit, on admit toutes les compétitions et toutes les concurrences.

La *concurrence*, voilà très exactement la forme sous laquelle en France on a toujours conçu l'égalité. Rejet des privilèges, des monopoles, du moins des monopoles de droit, garantis et sanctionnés par la loi. Car, pour les monopoles de fait, encore qu'il grogne quand ils appartiennent à d'autres, le Français, ce grand individualiste, a toutes les indulgences, doublées souvent d'une admiration inavouée. Partout où il s'imagine, à tort ou à raison, trouver la marque d'une supériorité personnelle, la récompense d'un mérite propre, il est prêt à s'incliner, fût-ce en bougonnant. Tout ce qu'il exige, c'est qu'on lui laisse également le champ libre pour manifester sa valeur s'il en a une — ce qui est fréquent — et s'il en a le désir — ce qui est plus rare.

La France est le pays des valeurs, point de nation plus riche en hommes et plus individualisée que la nôtre. Mais qu'elle use au mieux de ses intérêts de ses qualités d'exception, c'est une autre affaire. Le Français est trop souvent le grand paresseux, le dilettante incorrigible que nous avons signalé et morigéné à plus d'une reprise. Il lui suffit de savoir que, s'il le veut, il peut développer toutes ses puissances pour qu'il soit pleinement satisfait.

Et cela d'autant plus aisément que l'égalité des intelligences est en somme, elle aussi, mieux réalisée chez nous que partout ailleurs. Les Français sont un peu tous comme les Athéniens d'autrefois, chacun d'eux est lui-même et non pas une unité interchangeable avec d'autres unités toutes similaires, pour ne pas dire identiques. Il est un homme et non pas un numéro. Pénétrez dans un milieu quelconque, et le plus modeste. Vous serez frappé de la diversité d'idées de ceux qui le composent et vous aurez en même temps le sentiment que tous ces individus sont des pairs. Chez les paysans, vous découvrez sous leur gros bon sens la justesse et la finesse de leurs aperçus sur la vie, chez les ouvriers, la vivacité d'esprit, le bagoût des uns, l'exacte connaissance des questions politiques et le sens critique des autres. Il faut dire plus : si l'on trouve de l'uniformité, de la pesanteur et de la lenteur d'esprit, c'est à un degré plus élevé de l'échelle sociale — ou qui du moins l'était hier encore — dans cette fraction moutonnière de la petite bourgeoisie, à la vie étroite et limitée, aux préjugés enracinés. Cette teinte neutre, cet effacement et cette grisaille qui confond l'individu dans la masse et qui le prédispose à subir le joug ou à recevoir l'impulsion du dehors, c'est parmi les boutiquiers et les fonctionnaires, bien plus que chez les artisans et les cultivateurs, que vous en dénicheriez le plus d'échantillons.

Mais, partout ailleurs, se dégage ce sentiment très net et très vif : Je suis, je me pose dans la vie et je pose ma vie, j'existe comme un être qui compte et qui, comme tel, ne reconnaît pas de supérieurs. *Un homme en vaut un autre*, tel est le *Credo* tacite du Français. Et sur cette foi, purement laïque, il réglera toute son existence. L'égalité telle qu'il la conçoit est donc somme toute assez juste et de tendance équitable, c'est l'égalité de droit des valeurs humaines possibles, non l'égalité de fait des valeurs humaines réalisées.

Ici encore, la différence s'accuse le mieux dans la conception que les deux pays, France et Allemagne, se font du socialisme. Le marxiste, avec sa dialectique abstraite et son apriorisme étroit, aboutit à une égalité toute mathématique. *Un homme en égale un autre*. L'idée qualitative de valeur est remplacée par l'idée quantitative de production. On compte les hommes, on ne les juge pas. Ce sont à la rigueur des individus, ce ne sont guère des personnes. Aussi l'étalon choisi ne tient-il pas compte d'autre chose que du travail fourni et du nombre d'heures dépensées pour l'obtenir. C'est une idée de justice sans doute, mais de justice simpliste, de justice commutative qui ne reconnaît que des valeurs d'échange, non de justice distributive se préoccupant des valeurs absolues. C'est du socialisme peut-être, ce n'est certainement pas de l'humanitarisme. Tout compte dans l'homme, hormis l'homme lui-même. On se préoccupe de l'effort, ce qui est nécessaire, mais non pas du rendement, qui seul en fin de compte mesure l'énergie de la volonté et la qualité de l'intelligence, qui seul constitue un principe de classement.

Toute autre est la conception française : A chacun selon son mérite, à chaque mérite selon ses œuvres. En Allemagne, l'humanité se réduit à n'être qu'un immense atelier où chaque travailleur est moins un ouvrier proprement dit que le rouage d'une machine. En France, elle prend la forme d'une coopération d'efforts vraiment indépendants où chaque participant est apprécié en et pour lui-même et récompensé comme tel. Au fond, c'est un classement. Pour l'Allemand, il n'y a qu'une juxtaposition n'admettant ni premier ni dernier.

L'évolution des réformes politiques et sociales fait peut-être ressortir mieux encore cette différence entre les conceptions des deux pays. En Allemagne, elles ont été plus sociales que politiques et en France plus politiques que sociales. De l'autre côté du Rhin, on a amélioré les conditions d'existence matérielle du travailleur en consolidant et parfois en aggravant sa servitude politique et partant économique. On lui a accordé, plus vite et mieux, l'assurance contre tous les risques, la retraite, le minimum de salaire; mais on l'a maintenu dans le cadre étroit où il évoluait, on a réglementé plus sévèrement le droit de réunion, le droit de grève, on en a rendu l'exercice plus difficile, on lui a fermé l'accès des carrières les plus hautes. C'est d'hier seulement qu'il a conquis — théoriquement — ces avantages qu'on lui avait refusés jusqu'alors. En France, on n'a senti que tardivement et médiocrement le besoin d'assurer au travailleur ces garanties de sécurité, mais par contre on a déblayé la route devant lui. On lui a donné le régime parlementaire et le gouvernement responsable; l'égalité devant le scrutin : ni double vote ni suffrage par classes, un homme, une voix; l'égalité devant le service militaire : le même impôt du sang pour tous et la même durée des obligations militaires. Et si, pas plus qu'ailleurs, on n'a réalisé en France l'égalité des fortunes, si peut-être même les charges fiscales pèsent plus lourdement sur les pauvres que sur les riches et sur le travail que sur le capital, du moins les lois sur l'héritage et le partage égal des biens entre tous les enfants ont-ils tendu à maintenir et même à augmenter une répartition plus égalitaire. Ajoutons-y ce dernier facteur, les mêmes facilités d'accès à tous les emplois, publics ou privés, et nous comprendrons qu'il n'y ait pas en France de très grosses, de colossales fortunes ni, en général, de misères extrêmes. Économiquement autant que géographiquement, la France est un pays de moyennes.

Reste à savoir si cette tendance à l'égalité a, comme on s'en plaint parfois, contribué à l'abaissement de la France et si vraiment démocratie est, au moins chez nous, synonyme de médiocratie. Déjà Heine l'affirmait qui, bien avant Gambetta, prévoit la domination des sous-vétérinaires d'arrondissement dans une république où « règne un esprit d'égalité extrêmement jaloux, qui repousse toujours toutes les individualités distinguées et les rend même impossibles[1] », ne laissant pour prendre les rênes de l'État « que des épiciers vertueux, d'honnêtes bonnetiers et autres braves

1. Heine, *Lutèce*, p. 30.

gens de la même farine [1] », heureux encore quand on peut leur décerner ce brevet de moralité banale et courante et qu'ils n'ajoutent pas à leur platitude intellectuelle la rapacité et les passions des aigrefins! Renan n'est pas moins dur pour le régime républicain qui, d'après lui, heurte violemment de front toutes nos traditions nationales d'ordre et de règle. Il fait du pays une poussière d'individualités sans lien et sans forme. « Un tas de sable n'est pas une nation; or, le suffrage universel n'admet que le tas de sable, sans cohésion ni rapport fixe entre les atomes [2] ». Et ailleurs, sous une autre forme, il exprime la même idée : « La Révolution a tout désagrégé [3] ».

Pour n'être pas neuves, ces critiques que nous entendons tous les jours en sont-elles mieux fondées? Sans doute, le monde politique ne brille en général ni par ses valeurs ni par ses compétences; encore ne faudrait-il rien exagérer et le travail fourni par une fraction au moins du Parlement pendant la guerre, le contrôle minutieux et sûr qu'il a exercé sur l'œuvre de préparation militaire a prévenu plus d'une catastrophe et paré à plus d'une imprévoyance. Mais où voit-on dans la politique des régimes déchus des directions plus sûres et des gouvernants plus illustres? Les Morny

---

1. *Id.*, *ibid.*, p. 31.
2. Renan, *Correspondance*, p. 395.
3. *Id.*, *Questions contemporaines*, Préface, p. IV.

et les Rouher, pour citer les deux noms qui
émergent de la foule parmi les obscurs ministres
du second Empire, valaient-ils les Jules Ferry et
les Waldeck-Rousseau? Dira-t-on que du moins à
cette époque on avait réalisé l'unité nationale?
Mais pouvait-on parler d'unité, ou même d'union,
alors que la nation était pratiquement réduite au
silence? Non, il faut se faire à cette idée que le
monde parlementaire, représentatif, que le personnel dirigeant lui-même n'a jamais constitué
une élite. De temps à autre, un grand nom s'affirme,
un homme d'État surgit, mais le plus souvent ce
sont des individualités de second ordre qui
s'attellent à ces besognes; besognes capitales sans
doute, mais qui sollicitent surtout ceux qui ne
sont pas pris par des œuvres productives, ceux qui
ne représentent pas les forces vives de la nation.
Qu'on en juge par l'exemple des États-Unis : cette
République, la première en date dans les temps
modernes et la plus certainement démocratique, est
aussi celle où le politicien compte le moins.

Si, par contre, nous nous tournons vers les
masses profondes de la nation, nous voyons ce que
l'égalité a fait de notre pays. Non seulement elle
a transformé un peuple d'illettrés en un peuple
éduqué, mais encore et surtout elle a multiplié le
nombre des capacités dans tous les ordres d'études
et à tous les degrés de l'échelle sociale. Et ce ne
fut pas, quoi qu'on en pense, aux dépens de la

culture. Celle-ci s'est même diffusée. Elle est restée moins exclusive sans doute, moins uniquement renfermée en elle-même, parce que de plus en plus la pensée s'est tournée vers l'action. Et de ce fait encore la démocratie égalitaire est pour beaucoup la cause. Michelet a montré dans le *Peuple* la révolution profonde qui s'était opérée du jour où le besoin de linge, ce luxe d'hier, cette élémentaire nécessité d'aujourd'hui, s'était propagé et universalisé. Faire naître des besoins et les mêmes besoins pour tous, voilà le premier moment et le premier mouvement de la démocratie. Et une fois qu'ils sont nés, comme il faut bien les satisfaire, elle suscite les inventeurs, les découvertes, les transformations. Égalité implique rivalité et non plus soumission, donc progrès et non plus stagnation. Égalité signifie égalisation, non par le bas, par la décapitation des têtes couronnées, mais par le couronnement des têtes jusqu'alors humiliées. Et notre prétendue médiocrité, en fin de compte, aboutit à un relèvement.

Ainsi l'égalité complète la liberté et elle la réalise. Il ne peut y avoir d'êtres vraiment libres que chez des pairs. Les inévitables grincements de la machine démocratique ne doivent pas nous faire regretter la superbe ordonnance de l'ancien régime : le moindre défaut de cette admirable construction, devant laquelle un Auguste Comte reste en extase, était

de supprimer les neuf dixièmes de la nation pour
le profit apparent du dernier dixième, et en réalité
pour son plus grand mal, en l'encroûtant et en
l'ossifiant. Acceptons les risques de la République,
puisqu'aussi bien sans eux la vie, étriquée, dimi-
nuée, ratatinée, n'est plus que l'ombre de la mort.
Notre idéal — les faits l'ont prouvé et le prouvent
chaque jour davantage — est réaliste autant que
généreux et parce qu'il est tel.

III

Liberté, égalité, autant de moyens précieux,
mais qui ne sont que des moyens, des formes vides
de tout contenu. Pour les remplir et pour leur
assigner leur vraie fin, il faut faire appel à la fraternité. Jusque-là, l'homme n'est pas asservi par
l'homme, l'homme n'est pas inférorisé par rapport
à l'homme, mais c'est tout. Il peut être, il n'est
pas encore. Vienne la fraternité, et il sera pleinement, il sera tout ce qu'il est susceptible d'être.
Désormais, l'homme est aimé, l'homme est voulu
par l'homme. A une simple négation de la violence
s'ajoute une affirmation concrète et proprement
réalisatrice de la personnalité. Où nous n'avions
que des individus, nous aurons désormais des
personnes. Emerson définissait très justement les
États-Unis « une nation d'individus ». La France se

définirait mieux encore une nation de personnes.

Mais n'est-il pas étrange de parler de fraternité dans ce pays divisé entre tous? La France a été de tout temps le pays des guerres civiles, guerres politiques ou guerres religieuses. Si les Français sont des frères, il faut se hâter d'ajouter que ce sont des frères-ennemis. Où a-t-on dressé plus de bûchers au moyen-âge, plus d'échafauds sous la Révolution? Où le fanatisme a-t-il joué un plus grand rôle? Les Jacques Clément, les Ravaillac, les Charlotte Corday ont été les martyrs de leur foi, éclairée ou aveugle, mais qu'ont-ils fait, sinon haïr? Le Français, s'il a en général le sens de la justice, le perd dès qu'un intérêt politique est en jeu.

Mais on ne prouve ainsi qu'une chose, l'impitoyable *logique* de l'âme française. Elle va toujours jusqu'au bout de sa pensée, même et surtout si celle-ci est généreuse. Elle n'est extrême dans la haine que parce qu'elle est extrême dans l'amour. Ce sont les purs idéalistes qui ont fait tomber le plus de têtes. Un Torquemada veut le salut des hérétiques et un Marat, « l'ami du peuple, » cherche sincèrement le bonheur de toute l'humanité. On peut dire sans paradoxe—ou plutôt, si on peut le dire, c'est que cette nation est elle-même un paradoxe—que si le Français devient sectaire, c'est par excès de tendresse fraternelle.

Il n'est pas un cri de détresse, individuelle ou collective, nationale ou étrangère, qui n'éveillé en lui un écho. Y a-t-il beaucoup de pays où eût été possible une affaire Dreyfus, ce soulèvement de la conscience devant l'injustice subie *par un seul?* Et elle avait des précédents dans notre histoire, l'émotion soulevée par l'affaire Calas ou par l'affaire Sirven. D'ailleurs, ce qu'elle fait pour un homme, la France le fait aussi pour un peuple. La Pologne, la Grèce, toutes les nationalités asservies ont trouvé en elle un défenseur. Elle a donné au monde émerveillé — et qui n'a pas toujours compris — le spectacle de son inlassable et immense désintéressement.

Ce n'est pas par esprit de charité chrétienne qu'elle agit de la sorte. Quoi qu'on en dise parfois, le Français n'est pas charitable, il est juste et c'est pour cela qu'il est fraternel. La fraternité, c'est la justice agissante, c'est le fait de vouloir autrui et de vouloir pour autrui, c'est l'égalité positive. On ne trouverait en elle ni cette humilité ni cette condescendance qui, qu'on le veuille ou qu'on s'y refuse, est au fond de la charité. La charité, c'est l'amour sans doute, c'est « l'intention de l'âme aimante » que dit Saint-Paul, mais c'est l'amour dans l'inégalité et partant dans l'injustice. Elle suppose un supérieur qui se penche vers un inférieur, qui se donne à lui, qui s'abaisse devant lui. Elle se symbolise dans l'acte du roi qui lave les pieds du mendiant. Elle suppose donc un état social qui est mauvais, et qui reste mauvais et qui doit rester tel pour qu'elle puisse s'y exercer. Elle l'atténue, donc elle le consacre, elle en perpétue l'existence.

Une telle conception n'est pas française parce qu'elle n'est pas égalitaire. La fraternité, au contraire, c'est l'amour entre égaux, entre personnes morales de même valeur; c'est donc l'amour légitime et justifié, ce n'est pas un don gratuit et il ne doit pas y avoir de don gratuit. La charité, c'est l'amour aristocratique et qui, en cherchant à les supprimer, maintient les distances. La fraternité, c'est la forme démocratique de l'amour; ces distances, elle n'a pas à les supprimer, elle les ignore.

Fraterniser, c'est concevoir la justice comme fin et non comme moyen, c'est vouloir créer une société d'hommes justes. Or, la liberté et l'égalité, qu'elle enveloppe tout en les dépassant, ne créent pas proprement une société, mais au mieux une association. A preuve l'Amérique. Les États-Unis, aujourd'hui, c'est un peu la France à la fraternité près. Des individus tous placés sur le même pied, tous assurés de pouvoir réaliser leurs fins, tous dégagés des contraintes qui risquaient de les enserrer. Mais des individus qui restent isolés, des atomes dont chacun suit son propre mouvement, sa loi particulière. Entre eux, pas de ciment, pas de communion profonde. La fraternité seule pourra les leur donner. Seule, elle permet d'échapper à ce danger redoutable des démocraties, l'anarchie, la dispersion morale. Là où on n'est plus uni dans une foi commune en une autorité étrangère, un Dieu ou un roi, là où il n'y a d'autre moteur que la confiance de l'individu en lui-même et dans son droit, l'unité ne peut se faire que sous la forme d'une interaction née du dedans, jaillissant du plus profond de ces êtres séparés. Il faut que, mutuellement, selon le rêve et la parole de Kant, tous les hommes se considèrent et se traitent mutuellement comme des fins, qu'ils veuillent réciproquement leur propre bonheur.

Ainsi comprise — et comment pourrait-elle l'être autrement? — la fraternité est donc tout autre chose et bien plus que la simple solidarité. Elle n'est pas une union de fait d'éléments par eux-mêmes et par ailleurs désagrégés. C'est une solidarité voulue, c'est un consentement. Elle représente une véritable aspiration à l'unité. On la retrouve dans ce frémissement d'enthousiasme et d'allégresse qui, en 1789 ou en 1848, poussait les uns vers les autres, dans une ruée irrésistible, les éléments épars, les tronçons séparés de ce grand corps qui se voulait un; c'est lui qui, au pied de l'arbre de la liberté, jetait l'instituteur dans les bras du curé; comme c'est lui qui, plus tard, jettera la Savoie dans les bras de la France. La France accueille fraternellement tous ceux qui viennent à elle. Ils sentent que, s'ils sont aimés, c'est d'un amour efficace, qu'elle travaillera pour eux et qu'elle se travaillera pour eux.

Grâce à cet esprit de fraternité, la France dépasse le stade de *l'individualisme* pour s'élever à celui de *l'individuation*. En Amérique, en Angleterre même, individualisme est trop souvent synonyme d'isolement, au mieux de coopération. Il s'agit d'individualités vigoureuses et saines, dont chacune agit pour soi, vise à son propre développement. Chaque Anglais est une île, une petite Angleterre fermée et imprenable. Si d'aventure il s'unit à d'autres, ce ne sera que pour consolider le milieu dans lequel il se développe, par un mélange inconscient d'orgueil national et d'intérêt personnel bien compris. Et de même aux États-Unis. L'Américain veut l'Amérique et se veut lui-même. L'Anglais veut la Grande-Bretagne et se veut lui-même. Mais aucun d'eux ne veut proprement et directement son voisin. La devise du pays pourrait être celle de chacun de ses citoyens, le splendide isolement. On vit pour soi, on vit pour son pays, on ne vit pas pour les autres, donc on ne fraternise pas. Le Français vit pour les autres, et qui ne sont pas toujours uniquement les Français. Il vit pour que les autres soient, comme il vit pour être lui-même. Il vit pour la pleine et entière réalisation de l'humanité en chacun et en tous.

Au fond, le Français, c'est l'individu passionné pour l'individu. Il en a le goût, la curiosité, l'inquiétude. Aussi est-il l'éducateur-né, tous les peuples l'ont bien compris, qui se sont mis à son école. Pas une démocratie qui n'ait adopté sa charte des droits de l'homme, et plus d'une autocratie même s'en est inspirée et l'a plus ou moins démarquée sans le dire. Son Code civil a fait le tour d'Europe et le tour du monde, il a servi de modèle à toutes les législations modernes. Partout, à tous, il a dit le droit.

C'est qu'il sait vivre pour autrui. En un sens, autrui est sa raison d'être. Il n'a pas les ambitions à la fois grandioses et mesquines des autres peuples. Une « plus grande France » ne lui dit rien qui vaille, nous l'avons vu : c'est trop grand, et c'est en même temps trop petit, c'est un égoïsme national qui s'arrête au poteau-frontière. Aussi la guerre d'hier a-t-elle éveillé en lui encore plus de stupeur que d'horreur. Il ne la comprend pas, il ne comprend pas ce type humain — si l'on ose encore l'appeler ainsi — que représente le Germain. Cette destruction systématique et volontaire de tout ce qui n'est pas spécifiquement et exclusivement allemand, cette mise hors la loi et hors la vie de tout ce qui n'accepte pas le joug du peuple élu, cela n'a pas de sens à ses yeux, et plus encore que sa conscience contre le crime, sa raison se révolte contre l'absurdité. L'Allemand est le barbare, le fourbe, l'être infâme; mais, ce qui est pire, il est le niais. Il tarit en lui les sources du vrai bonheur, la joie de vivre et de faire vivre.

Tout autre est le Français. Son altruisme est

égoïste à sa façon, mais c'est la bonne ; c'est un besoin de porter au plus haut point toutes les puissances d'humanité dans l'homme et dans tout homme. Aussi non seulement ne cherche-t-il pas, comme le Teuton inepte, à les briser dans l'œuf, à en étouffer le germe, mais il ne se contente même pas, comme l'Anglo-Saxon, de laisser l'individu à lui-même, de lui permettre de se débattre dans le flot en lui donnant toute latitude de nager... ou de se noyer. Il ne veut ni la victoire par la force brutale du sabre, ni la victoire par l'énergie pacifique des volontés ; il ne veut pas qu'il y ait de vaincus, il ne veut pas qu'il y ait de lutte, si ce n'est la compétition des dévouements. Aussi tend-il la perche à celui qui se noie, il le hisse sur le rivage. Il fait plus, il le munit d'un viatique pour qu'il puisse continuer sa route. Il appelle l'homme à l'humanité.

Et l'homme ne s'y est pas trompé. Il a compris qu'en dépit des apparences la vraie France était trop fraternelle, trop profondément humaine pour être impérialiste de cœur. Elle ne peut pas se développer aux dépens des autres, elle ne peut même pas en avoir vraiment l'idée ou le désir. C'est bien la paix qu'elle apporte aux peuples, et non la guerre. Moralement, dans le conflit d'hier, c'est elle qui a dominé tous les autres. Si elle les a conduits au combat, ce n'était pas qu'elle fût matériellement la plus forte. Elle ne l'était ni politiquement ni économiquement et même au point de vue militaire, si au début elle a dû soutenir à elle seule la ruée des barbares, les gros bataillons de l'Empire britannique équivalaient de bien près en 1918 à ses forces et, pour peu que la guerre se fût prolongée, ceux de la grande République américaine auraient fini par les dépasser. Non, son hégémonie est une hégémonie morale. Si elle la garde, même quand elle risque d'être numériquement débordée par ses alliés, c'est parce qu'elle représente un principe, le principe de fraternisation. Elle est un symbole en face d'un autre.

Et ce symbole est celui d'une société naturelle, qui se fait *du dedans*, opposée à un autre mode de formation plus précaire et plus artificiel, celui d'une société qui se fait *du dehors*. Tel est le cas de l'Allemagne et, si différente qu'elle puisse être de celle-ci, peut-être aussi de l'Angleterre. La première, en tout cas, impose un idéal tout extérieur à des volontés divergentes. Comment les Allemands seraient-ils des frères? C'est à peine s'ils sont des êtres. Comment se voudraient-ils les uns les autres? Ils ne se veulent même pas personnellement chacun. Supprimez l'État, l'idole, l'objet de leur adoration collective et de leur respect unanime, et vous leur retirez leur propre substance. Un Allemand en face de l'État allemand est un être rassuré, adapté. Un Allemand en présence d'un autre Allemand est un être désemparé : il ne se sent pas devant un égal, moins encore devant un *alter ego*. Vous lui parlez de fraternité, il vous répond effacement.

L'Anglais, tout au contraire, affirme sa vigoureuse personnalité. Ce n'est pas lui qui s'humilierait devant un Dieu. Il est à lui-même son Dieu et l'*habeas corpus* est son dogme essentiel. Mais cette personnalité, il l'affirme ingénument, non pas même en l'opposant aux autres, car ces autres il les ignore. D'un Anglais à un autre Anglais, il n'y a pas ce lien direct, cette communication d'homme à homme qui est si frappante chez les Français. Et, ici encore, leur point de mire est tout extérieur : ils sont unis dans leur commun orgueil, dans leur commune fierté de la Grande-Bretagne, ils se rejoignent en elle, mais ils ne s'y retrouvent pas. Ils ne se sentent pas attirés l'un vers l'autre. La personne se confine en elle-même ou se hausse à l'impersonnel, elle ne va pas, d'instinct et comme intuitivement, vers la personne d'autrui.

Tout autre est la France, elle est intuitive et par là fraternelle. Tout pour elle revêt la forme de l'individualité, même les groupements corporatifs ou nationaux. Pour elle, et pour elle seule, peut-être, une autre nation est une âme et non un simple syndicat d'intérêts. Étant une âme, elle sera presque inévitablement une âme sœur. Il n'y a pas de limites à la fraternité. Elle dépasse la patrie, elle proclame avec Victor Hugo « l'hymen des peuples frères ». Une âme fraternelle est par là même une âme cosmopolite. Elle l'est forcément, inévitablement, puisque la fraternité, c'est en quelque sorte *la logique dans l'amour*, l'amour qui s'étend de proche en proche à tous et qui se contredirait s'il se limitait à quelques-uns.

S'ouvrir toute à tous, telle est sa destinée dans le monde. Et en ce sens, la France laïque et démocratique est la plus chrétienne de toutes les nations. Le Christ a prêché : « Tu aimeras ton prochain comme toi-même. » Pour la France, et pour la France seule, tout homme est un prochain.

CHAPITRE III

LA VIE RELIGIEUSE ET MORALE

Y a-t-il encore en France une vie religieuse?
Y a-t-il une vie morale? Et celle-ci est-elle possible sans celle-là?

Rien de plus confus, semble-t-il, que le conflit
aigu des croyances et des incroyances. Depuis la
Révolution française, il se prolonge et souvent
s'exaspère, il met aux prises deux conceptions
de l'existence irrémédiablement opposées. Cette
Révolution fut vraiment notre Réforme, une
Réforme plus logique, allant au bout de son effort,
une tentative de déchristianisation du pays. Depuis
cette date, la lutte est ouverte chez nous entre
l'esprit de l'Église et celui de la pensée libre. Et,
malgré de brefs retours de fortune, il semble
bien que le parti catholique, clérical, n'a jamais
pu ni ne pourra jamais reconquérir le pouvoir.
Ceci a tué cela.

Et pourtant *cela* se survit, sous mille formes,

individuelles ou sociales. La foi religieuse est ou paraît être encore très répandue dans les masses. Il y a au Parlement une opposition catholique, une minorité compacte et très agissante qui souvent joue le rôle d'arbitre entre républicains. Si elle n'arrive pas, malgré ses efforts acharnés pendant les élections, à entraîner le pays, elle sait du moins bien souvent imposer tel ministère et parfois même elle a, par ses votes, fait nommer le chef de l'État. Elle ne commande pas, mais on est obligé de compter avec elle.

Et surtout, à défaut de la puissance politique, les catholiques gardent la puissance morale sur les consciences. La séparation de l'Église et de l'État est chose faite, celle de l'Église et de la France ne l'est pas. Il a fallu laisser le clergé, à titre d'occupant, dans les édifices du culte. Et, malgré les restrictions de la loi, il y est le maître. Position instable, mais forte, puissance du fait qui pratiquement équivaut à un droit.

Ces faits nous prouvent que l'esprit religieux, disons plus, confessionnel, répond encore aux aspirations du grand nombre, ou d'un grand nombre. Les Français font sans doute le départ entre ce que l'on doit à César et ce que l'on doit à Dieu; ils le faisaient déjà du temps de l'Église gallicane. Ils n'admettent que malaisément l'intervention du clergé dans les affaires de l'État. Mais ils n'en demeurent pas moins attachés à leur foi. S'ils ne sont plus des sectaires, ils restent des fidèles.

Aussi M. Barrett Wendell n'hésite-t-il pas à voir en eux « un peuple instinctivement et profondément religieux [1]. ». Et nous n'en voulons pas d'autre preuve que l'acharnement des anticléricaux contre leurs adversaires. S'il est des morts qu'il faut qu'on tue, c'est qu'en dépit des coups reçus ils se portent assez bien.

Mais il y a plus. Peut-être, en combattant le catholicisme, la France a-t-elle moins démoli une religion et toute religion que cherché, fût-ce à son insu, à satisfaire par des moyens renouvelés ses tendances foncièrement religieuses. La Révolution française a divinisé l'homme, elle a opposé la religion de l'humanité à la religion de la divinité.

A la lumière de cette idée directrice, on pourra mieux saisir le sens et la portée du conflit actuel. Il oppose une âme à une âme, et peut-être une foi à une foi.

I

Que pendant des siècles et plus que toute autre, la nation française ait subi l'empreinte du catholicisme, il est impossible d'en douter. Ce peuple, le peuple de l'espérance, devait accueillir avec un enthousiasme sans égal la parole de libération apportée par le Christ. La France a été ardem-

1. B. Wendell, *La France d'aujourd'hui*, p. 243.

ment, totalement catholique parce que le catholicisme était un idéalisme et tant qu'il a été un idéalisme.

La preuve est inscrite dans son sol même, c'est la cathédrale. La cathédrale, ce monument gothique sans rival au monde qui a jailli dans sa « robe de pierre » et dans lequel a pris forme la foi de tout un peuple. C'est en France qu'est né l'art chrétien. Partout ailleurs, en Allemagne, en Italie, en Angleterre, nous ne trouvons que de pâles copies ou de médiocres déformations de ces modèles incomparables. L'inspiration était venue de nous.

Et elle devait se prolonger, plus forte et plus durable que chez la plupart des autres peuples. Cette incomparable floraison du catholicisme explique l'échec de la Réforme. Non que notre pays fût réfractaire au changement, il est progressif entre tous, mais parce que l'on ne pouvait guère ébranler une conviction religieuse aussi profonde par la simple mise au point, si l'on peut dire, de l'idéal religieux. Pour le Français, la Réforme était trop ou trop peu, elle ébranlait trop le passé sans révéler assez l'avenir. Elle opposait Dieu à Dieu ; à Dieu il eût fallu opposer l'homme. Et les temps n'étaient pas venus. Ou la foi totale ou la raison totale, mais point cette demi-mesure, cette sorte de cote mal taillée d'une foi guidée et critiquée par la raison.

Quinet déplore ce qu'il considère comme un asservissement de la pensée française à l'esprit de Rome. Et il en trouve la cause profonde dans « la difficulté où nous sommes de voir et d'imaginer, dans le monde religieux, autre chose que de l'ancien [1] ». Il se peut, mais c'est que l'affranchissement était incomplet. La France, à son insu, exigeait davantage. C'est le monde religieux lui-même qui, par définition, est « l'ancien ». En y restant confiné, on ne peut rien poser de proprement et de définitivement nouveau. Le protestantisme ne peut être qu'un point d'arrêt, et la France ne s'arrête pas. Il est le propre de peuples qui évoluent, et la France ne connaît que les révolutions, non les progrès pas à pas. Par un effort de volonté et de pensée héroïque il fallait s'évader de ce monde caduc pour poser un monde sans précédent dans l'histoire. Il fallait à la formule de vie du Christianisme, formule de charité, de droit idéal et différé dispensé par la grâce, opposer la formule de vie laïque, formule de justice, de droit réel et immédiat accordé par nature à tous. La France brûle les étapes ou elle ne bouge pas.

Donc, tant qu'il y avait une Église française, il fallait que ce fût l'Église catholique. Contre ses adversaires elle s'est défendue victorieusement et même férocement. Sa campagne contre les Albigeois, sa Saint-Barthélemy, sa révocation de

1. Quinet, *La Révolution*, t. II, p. 406.

l'Édit de Nantes, toutes ces mesures brutales et sanglantes prouvent du moins, dans leur horreur, la sincérité du fanatisme qui les inspirait. En dehors de l'Église, pas de salut.

Une Église contre une Église, la France n'en veut pas. Une Église à côté d'une autre Église, moins encore. Il faut que l'Église tombe ou il faut que l'Église soit. Pas de milieu, pas de tolérance religieuse, au sens vrai du mot, la tolérance d'une religion pour une autre religion. Ce qu'on appelle le régime de la tolérance n'a été possible que le jour où il est devenu le régime de l'indifférence, il n'a pas été le fait d'une Église, mais de l'État lorsqu'il s'est détaché de toute Église. L'État français tolère, ou si l'on veut respecte les convictions religieuses parce qu'il n'en adopte aucune. A un moment, il s'est voulu, il s'est même cru déiste, il n'a pas pu l'être. Il est sceptique et plus précisément encore, au sens strict du terme, *a-thée* : il n'affirme ni ne nie Dieu, il l'ignore. Il ne se préoccupe des croyances individuelles ni pour les favoriser ni pour les combattre. Dans un intérêt politique, il a pu maintenir le budget des cultes, signer et conserver longtemps un Concordat avec la papauté, reconnaître même dans le catholicisme la religion du plus grand nombre des Français. Mais, ce faisant, il l'a traité comme un parti et non comme une Église, il a accepté une situation de fait et cherché un *modus vivendi*, il n'a rien abdiqué ni rien engagé de lui-même dans ces compromis d'affaires. Il s'est délibérément affranchi de tout caractère confessionnel.

Par là, il tranche singulièrement sur toutes les autres nations, adverses ou alliées. Il n'y a plus, depuis longtemps, de « vieux bon Dieu français » comme il y a un « vieux bon Dieu allemand ». On ne place plus les armées ni la politique de guerre de la France sous le patronage du Seigneur, comme le fait encore le Président Wilson dans ses messages. La France ne connaît qu'elle-même, Dieu n'intervient pas plus dans les affaires de la France que la France dans celles de Dieu.

Mais à côté de la France, il y a les Français, et ceux-là sont souvent et parfois même profondément religieux. Il faut d'ailleurs s'entendre. Presque toujours, ils font nettement le départ entre ce qu'ils doivent à l'Église et ce qu'ils doivent à l'État et ils ne permettent pas à l'une d'empiéter sur les droits de l'autre.

En France, la religion s'est individualisée. Quand le Français entre à l'Église, il n'y entre pas tout entier, comme l'Anglais ou l'Américain. On laisse le plus souvent, si l'on ose dire, son âme civique à la porte du temple, on y va pour prier et non pour militer. Les Églises peuvent regorger de croyants, de fidèles, non de citoyens. La religion, même chez le plus grand nombre des pratiquants,

et les plus sincères, n'a pas droit de cité dans
l'État comme tel.

Certes, il y a des exceptions mais qui, si nombreuses soient-elles, restent des exceptions. Il y a
des syndicats catholiques, il y a des « jeunesses
catholiques », il y a des théocrates qui voient dans
la religion à la fois une fin et une arme. Dans certains coins de France, au fin-fond de la Bretagne
bretonnante, dans tel repli des Cévennes et surtout
dans certaines régions des Flandres, le catholicisme s'affirme comme un parti de combat.
Mais cette minorité agissante n'a pas de prises
sur les masses et le temps n'est plus que disait
Quinet; il n'est plus vrai — et cela même avait
cessé de l'être quand il écrivait ces lignes —
que « cette nation porte dans ses flancs une
tempête éternelle[1] ». Les vents se sont cal-
més.

Ce qui subsiste, c'est une foi, en général une
foi calme, tiède, surtout faite d'habitudes et de
désirs humains, parfois plus ardente, mais bien
rarement violente. Elle se réveille dans les heures
d'épreuve, lorsque les deuils multipliés et les dangers courus poussent l'homme à chercher dans un
au delà de rêve une consolation et un réconfort.
Mais ce n'est plus une croisade contre l'infidèle,
le « Dieu le veut » du temps jadis, l'insurrection
des consciences contre un état de choses exécré.

1 Quinet, *L'enseignement du peuple*, p. 30.

Le Français peut rester religieux, la France a cessé d'être religieuse.

On le voit à plus d'un indice. Les schismes sont rares ou plutôt ne sont pas, l'appel aux passions sectaires reste à peu près sans écho. « Notre temps, disait déjà Renan, est si peu religieux qu'il n'a pas même pu enfanter une hérésie... La France est le pays du monde le plus orthodoxe, car c'est le pays du monde le moins religieux[1] ». On accepte la religion dans laquelle on est né, parce que cela dispense de l'effort, on est fervent sans inquiétude et chrétien sans angoisse, sans ces déchirements qui ravageaient l'âme d'un Pascal. Les très rares et très timides efforts de rénovation du christianisme ne portent pas sur le dogme, mais témoignent d'une préoccupation d'ordre politique et social, parfois même scientifique : sionistes, modernistes tâchent, sans l'entamer, d'adapter la croyance catholique aux exigences des temps présents. Et l'on sait quelles défiances et quelles préventions ils ont éveillées au Vatican.

Plus visiblement encore, l'ère des persécutions religieuses a pris fin et bien rares sont ceux, même chez les plus croyants, qui voudraient la rouvrir en France. Le mouvement le plus violent, qui eut son heure de succès, fut celui de l'antisémitisme, et qu'en est-il advenu ? Mouvement mêlé d'ailleurs, fait de bien des éléments troubles et où

1. Renan, *Questions contemporaines*, p. 329.

l'envie et la haine du riche tient au moins autant
de place que la foi catholique et l'horreur de l'hé-
rétique. Même en pleine affaire Dreyfus, alors que
tout semblait le favoriser, et surtout les passions
patriotiques si faciles à éveiller dans ce pays, a-
t-il eu vraiment prise sur les âmes? On n'a rien
vu qui ressemblât, même de loin, aux pogroms
russes, à peine, par delà les mers, dans les rues
d'Alger, quelques boutiques pillées, quelques
émeutes rapidement réprimées. On trouverait
encore, parfois, un antiprotestantisme latent, une
défiance à l'égard de la franc-maçonnerie, mais il
n'y a guère là qu'une lutte de mots, un échange de
polémiques entre journalistes, à la rigueur de
horions entre adversaires dans les réunions publiques. Ce n'est pas la levée de boucliers en
faveur de la guerre sainte.

En somme, dans cette société complexe et
mêlée où se coudoient des hommes appartenant à
toutes les confessions religieuses, chacun garde
ses convictions, s'il en a, mais bien rares sont
ceux qui pour les défendre seraient prêts à mettre
flamberge au vent. Il y a, comme l'a finement
montré M. Lavisse, une sorte de tact, de pudeur
dans la religiosité française, elle ne s'étale pas
bruyamment au dehors. « Les croyants français
demandent à Dieu, il est vrai, de protéger la
France et de la préférer aux autres nations ; mais
ils ne prétendent pas l'accaparer dans une intimité

jalouse. Ils ne l'appellent pas « mon vieux, » ils ne tutoient pas l'Éternel[1]. »

La religion est ainsi mise à son rang, qui n'est plus que bien rarement le premier et tout à fait exceptionnellement le seul. Par suite, elle cesse d'être un objectif et même une règle d'action, elle est un mode de formation de l'esprit et du cœur, mode important, essentiel peut-être, mais qui s'ajoute à d'autres et se combine avec eux. Elle devient avant tout « un instrument esthétique, un moyen de culture plutôt qu'un but en elle-même[2]. » Et au profit lointain, au profit céleste qu'on attend d'elle s'en ajoute un autre, plus immédiat et plus humain. Sans doute les croyants lui demandent, un peu égoïstement, leur salut, elle est faite pour eux plutôt qu'eux pour elle. Elle leur fera gagner le paradis; ils en sont sincèrement convaincus, et non moins sincèrement dans ce but ils multiplient les bonnes œuvres. Mais ils y gagneront aussi la terre, dans tout ce qui compte sur elle, dans tout ce qui fait la valeur de l'individu en tant que tel. Ils s'affineront, ils lui devront, chacun dans leur sphère, un certain degré de perfectionnement et comme une dignité accrue. Chez ces grands individualistes, l'esprit religieux ne peut pas être un esprit d'abnégation totale, il

---

1. Lavisse, *L'État d'âme qu'il faut*, Revue de Paris du 1er janvier 1915, p. 11.

2. *Les États-Unis et la France*, Conférence de M. Baldwin, p. 157.

faut qu'il enrichisse leurs âmes en les exal-
tant.

Est-ce à dire que le catholicisme, en France,
doive avoir le dernier mot? On en peut douter.
S'il a triomphé des autres dogmes, il trouve
désormais devant lui un ennemi infiniment plus
redoutable, l'esprit critique qui le met en question
et discute ses titres. La lutte est entre le « génie
du christianisme » et le génie de la Révolution.
Dieu devient justiciable de l'homme et, depuis 89,
à en juger par les progrès qu'il n'a cessé de faire,
il semble bien que ce soit l'homme qui, finalement, l'emportera dans ce duel.

II

Le triomphe de la Révolution est, à sa façon,
une victoire religieuse. Elle ne l'entendait d'ailleurs pas autrement, elle se proclamait déiste et
célébrait le culte de l'Être suprême. Mais, sans
qu'elle s'en doutât peut-être, son Dieu était moins
pour elle une réalité qu'un symbole. Ce qu'elle
adorait en lui, c'était l'homme. La Révolution française et la France qui en a jailli, c'est la divinisa-
tion de l'humanité.

De là une religion laïque, positive, mais qui en
son fond reste d'inspiration chrétienne. Elle est
animée du même esprit, esprit d'amour et de fra-

ternité. Esprit d'universalité aussi. Comme le christianisme qu'elle renouvelle, elle est la revendication des foules contre les élites, des déshérités contre les privilégiés, elle oppose l'humble au puissant. Elle marque un de ces très rares moments de l'histoire où, après s'être longuement et vainement affirmée, la démocratie se réalise. « Dans le vrai, l'esprit de la Révolution est de s'identifier avec l'esprit du christianisme... La Révolution, dès son origine, promet d'être religieuse et universelle[1]. »

Comme la religion, tout d'abord, elle est une communion. Pour un temps, si court soit-il, il n'y a plus en tous qu'une même âme. La prise de la Bastille, la fête de la Fédération marquent cette unanimité dans la confiance et dans l'espérance. Il n'y a qu'une nation comme au début il n'y eut qu'une Église.

Mais les temps ont changé et par suite aussi les aspirations. Le ciel redescend sur la terre, le ciel était trop haut et Dieu était trop loin. L'homme ne se contente plus d'un idéal inaccessible, le paradis qu'il veut, c'est le paradis terrestre et non le paradis céleste. Paradis auquel il demande moins de joies peut-être et moins de béatitudes, mais plus de dignité personnelle et surtout plus de liberté. Il ne lui faut plus le bon pasteur qui le conduira, brebis docile et aveugle, au séjour des bienheu-

1. Quinet, *Christianisme et Révolution*, p. 346.

reux. Non, ce qu'il exige, c'est la route ouverte où il dirigera lui-même ses pas. Il sera l'artisan de son propre bonheur. Et pour cela, il ne faut pas qu'il soit guidé, il faut qu'il soit.

Christianisme dédivinisé, christianisme humanisé, telle apparaît la Révolution française. Pour emprunter le langage d'Auguste Comte, elle « positivera » en la « transposant » la conception « théologique » de l'Église primitive. Elle ne reconnaît qu'un Dieu, et qui est l'homme.

Par là, elle s'oppose à cette religion qu'elle suppose. « La Révolution continue le christianisme et elle le contredit. Elle en est à la fois l'héritière et l'adversaire[1]. » Si elle voit dans Jésus le premier des Sans-Culottes, si elle est profondément imbue de l'esprit évangélique, elle qui d'abord voulut tout aimer, par contre elle s'oppose de toutes ses forces à l'esprit d'autorité et à l'esprit d'humilité.

A l'esprit d'autorité. Elle ne veut pas d'un maître, pas plus au ciel qu'ici-bas. A l'esprit d'humilité. Elle ne consent pas à abdiquer toute velléité d'indépendance, à incliner la science devant le dogme et à exalter « la sainte ignorance. » Elle veut l'homme, et l'homme tout entier, corps et âme, chair autant qu'esprit.

Il ne faut donc pas se méprendre sur certaines ressemblances toutes de surface et sur certaines

1. Michelet, *Histoire de la Révolution française*, t. I, p. 8.

pratiques cultuelles. Car il y a un culte révolutionnaire, le culte de la Raison, il y a des cérémonies laïques et républicaines. C'est une religion qui a ses prêtres, les sectateurs de Rousseau, son bréviaire, le *Contrat social,* et qui célèbre sa messe avec la profession de foi du vicaire savoyard.

Auguste Comte, si opposé à l'esprit de la Révolution, s'en rapproche pourtant sur ce point avec son « catholicisme sans christianisme. » De transcendante la religion devient immanente, et d'objective subjective. On hypostasie en quelque sorte l'humanité, on fait de ce « Grand Être » un objet d'adoration et de culte. La Révolution a donc sa foi, ses tables de la loi où, avec la *Déclaration des droits de l'homme,* elle a inscrit en lettres de feu cette révélation du Dieu intérieur, la conscience. L'homme est bien un Absolu, un Archétype, un En Soi.

Cet homme, en effet, l'esprit révolutionnaire le pare de toutes les vertus et de toutes les perfections jusqu'alors réservées à Dieu. Et c'est par là surtout qu'il s'oppose violemment à l'esprit du christianisme. Le postulat fondamental de l'Église, c'est l'incurable imperfection de la nature humaine, la perversité et la malignité de la créature. Il n'y a ni joie ni espérance sur terre parce que l'homme est un être déchu, entaché du péché originel. Pour qu'il gagne le ciel et la félicité, il faut une rédemption, un rachat dont le prix est son corps. Ce corps, cette souillure qui a pris forme ou apparence d'être, il faut le mortifier, il faut le mutiler, il faut le nier. Le christianisme, c'est la haine de la vie.

Et la Révolution, c'en est au contraire l'amour. Elle veut l'homme et tout l'homme, la vie et toute la vie, parce que l'homme est fondamentalement bon, et la vie, par suite, foncièrement bonne elle aussi. Dès lors, il n'est plus besoin d'un Sauveur, d'un Christ qui charge sur sa tête et qui expie dans sa chair tous les crimes et toutes les impuretés de la créature. L'homme suffira à son propre salut, ou plutôt il n'a pas à être sauvé, il se sauve par cela seul qu'il est et qu'il est tout ce qu'il peut être.

Le christianisme refoulait nos tendances, nos passions, la Révolution les exalte. C'est que, pour l'un, cette perversion originaire de l'individu lui impose une contrainte incessante, une discipline farouche de tous les instants. La seule vie à la fois religieuse et morale, ce sera la vie méditative, l'examen de conscience, la vision et la fusion en Dieu, en un mot la défiance à l'égard de soi-même et le recours à un appui étranger. Pour la Révolution, tout au contraire, il faut développer toutes ses énergies, elle nous rend confiance en nous-mêmes.

Dès lors, on comprend l'enthousiasme qu'elle a déchaîné dans tous les milieux et dans toutes les classes. Ce que le christianisme avait promis, elle seule le tient. Il avait promis d'arracher l'homme au Destin, il avait en effet soulevé la pierre du tombeau de Lazare, mais ç'avait été pour la laisser immédiatement retomber sur lui de tout son poids. Il avait fait naître une immense espérance, il s'était achevé en une plus immense déception. Et cela parce qu'il n'apportait qu'une parole de consolation, non d'action. Il avait dit à l'homme : « Tu seras affranchi », il ne lui avait pas dit : « Tu t'affranchiras toi-même ». C'est en 89 seulement qu'on apporte cette formule neuve. Jusqu'ici la liberté était un don, désormais elle doit devenir une conquête.

Un grand fait, un fait sans précédent avait seul rendu ce changement possible, celui du *progrès*. Pressenti par Descartes, dégagé par Condorcet, définitivement formulé par Comte, il marque une nouvelle étape pour l'humanité, et l'étape proprement humaine. Il lui dit qu'elle n'est pas faite, mais qu'elle se fait et qu'elle est appelée à se faire; elle sera ce qu'elle voudra, elle sera si elle a su se vouloir et dans la mesure où elle se sera voulue. Le christianisme était encore en présence d'une humanité stagnante, d'une humanité à laquelle il fallait apporter quelque chose, sur laquelle il fallait se pencher pour répandre des dons; humanité passive, humanité d'esclaves qui croit que la liberté se reçoit des mains d'un maître. Mais désormais, l'homme a su mesurer sa puissance;

par sa science mise au service de ses désirs, il a
pu conquérir l'univers, ne pourra-t-il se conquérir lui-même ? La nouvelle religion, c'est d'arracher l'homme au destin, c'est d'arracher l'homme
à Dieu.

On voit donc par où la conception révolutionnaire apparaît comme un bouleversement complet
de la conception théocratique. L'homme est bon,
essentiellement bon, l'homme est fort, invinci-
blement fort, voilà la nouvelle et double vérité, la
vérité aveuglante et illuminatrice qui s'oppose
aux dogmes chrétiens. Bon, il n'a plus besoin d'un
guide; fort, que ferait-il d'un tuteur? Il ne reconnaît d'autre souveraineté que celle de sa raison,
et sa raison c'est lui-même, dans ce qu'il a de plus
intime.

Ainsi la Révolution croit en l'homme et elle
veut l'homme. A la théocratie elle oppose la démocratie. La démocratie, voilà proprement la religion de la France.

Religion pure, religion d'une idée et non plus
d'un être. Avec la Révolution on voit pour la première fois formuler un pur *idéal*. Un idéal, c'est-
à-dire un principe abstrait ou plutôt conçu,
quelque chose qui n'est pas une chose et qui est
plus qu'une chose, qui précède et qui prime le
fait. Jusqu'alors on mourait pour son roi ou pour sa
foi, et cette foi c'était un roi encore, le roi des cieux

opposé aux rois des hommes. Désormais, on mourra pour la réalisation d'un ordre meilleur, d'un ordre rationnel, d'un ordre juste. La *raison*, la *justice*, la *liberté*, ces mots deviennent des buts, des fins. C'est que ces mots recouvrent une réalité, et la seule qui compte, l'homme, la personnalité humaine.

Le culte de la personne, voilà le vrai culte révolutionnaire, et sa vraie religion formulée — quelle ironie ! — par un Allemand et même par un Prussien, c'est la religion du devoir. Car il ne faut pas s'y méprendre, la Révolution est bien une exaltation du droit sans doute, mais par là aussi du devoir qui le fonde, et Kant ne s'y est pas trompé. Il y a quelque chose en l'homme et en tout homme qui impose le respect et par là même l'obligation, c'est qu'il est une fin en soi. Ne disons donc pas qu'il suffira de ces garanties toutes négatives qui consistent à ne pas lui nuire, à ne pas attenter à la dignité de sa personne. C'est encore y attenter bien que d'une manière détournée, oblique, que de ne pas la réaliser, que de ne pas la développer au plus haut point. On n'a fait que bien peu de ce qu'on doit à son Dieu quand on s'est abstenu de commettre un sacrilège ; il exige davantage, et qu'on se sacrifie à lui. De même l'homme, ce Dieu d'une société sans Dieu. Il exige de l'État, c'est-à-dire, par delà cette entité, de tous ses semblables, qu'ils lui

donnent le pain du corps et le pain de l'esprit, ou
tout au moins les moyens de se les procurer. De
là ces lois sur l'instruction, ces mesures sociales
encore gauches et timides qui protègent l'ouvrier
contre l'employeur, le germe d'une législation
égalitaire qui devait se développer avec les siècles
suivants.

On comprend que ce soit en France, dans ce
pays où l'individualité a pris sa forme à la fois la
plus riche et la plus noble, qu'un tel idéal ait été
d'abord conçu et voulu. Nous avons vu avec quelle
ferveur chacun, sur cette terre de choix, sous ce
ciel privilégié, dans cette Grèce occidentale,
visait à être vraiment soi, n'acceptait pas de rester
un être incomplet, mutilé, diminué. Du plus
humble artisan jusqu'au lettré le plus fin, c'est ce
même souci de l'achèvement, de la perfection. Et
comment y atteindre si l'on se sent paralysé dans
son effort, si l'on n'est pas libre de ses mouvements? Cette liberté totale, la Révolution seule
nous l'a apportée.

La Révolution française, c'est la religion de la
liberté, c'est la religion de l'homme libéré.

III

Religion dangereuse, dira-t-on, et qui conduit
à la pire immoralité, refus de toute discipline et

de toute règle, en un mot pure anarchie. N'est-ce pas là, après un siècle et demi, le bilan de la Révolution française? Une France amoindrie et dépeuplée, rongée par la tuberculose et minée par l'alcool, tel est le spectacle lamentable qu'elle offre aux nations rivales et qui la conduit droit aux catastrophes.

Ivre de liberté, la France n'aurait donc abouti qu'à sa propre destruction. Quand on la compare à la fruste Allemagne, que de faiblesses elle révèle! Si le Germain a les instincts de la brute, il en possède aussi les vertus ; il est sobre, il travaille, il sait se plier à une discipline, il croît et il multiplie. Et son pays prospère et le nôtre décline, et finalement il va l'emporter sur son rival, indolent et moqueur et qui se laisse aller et qui sacrifie tout à son plaisir. La France, c'est la dissolution; l'Allemagne, c'est la concentration.

Dissolution de tous les liens qui forment un peuple, du lien familial et du lien social. Le Français ne croit qu'à lui-même en effet, et est-ce bien d'une foi qu'il s'agit? Ne serait-ce pas plutôt d'un abandon à son désir voluptueux de la vie facile? Il ne se marie guère, et tard, et mal, et pour avoir le moins d'enfants possible. Il n'a pas — ou si rarement! — présente à l'esprit l'idée de la France, ni au cœur le désir de la servir et de se subordonner à elle. Ce que vous appelez son individualisme, soyez francs, c'est de l'égoïsme pur et simple, et

du plus méprisable, l'égoïsme de la paresse, la
crainte des responsabilités et par-dessus tout
l'horreur de l'effort. Le Français n'est qu'un dilettante, pas méchant si l'on veut, mais foncièrement
amoral.

Il est facile de pousser le tableau au noir, d'autant plus facile que le Français excelle à se déni-
grer — ce qui, soit dit en passant, montrerait qu'il
possède au moins une vertu, celle de savoir se
juger. Mais on ne met ainsi en valeur que les
vilains côtés du personnage et vraiment, s'il
n'avait que ceux-là, on se demande comment la
France aurait pu subsister et, qui mieux est,
prospérer. Car elle prospère, on n'en saurait douter, elle prospère en dépit de ses fautes, en dépit
même de ses désastres. Il est facile de parler de
la décadence française, il est moins facile de la
prouver. S'il y avait eu décadence, après 1870,
la ruine du pays aurait dû se précipiter. Et l'on
sait au contraire quelle incroyable phase d'activité
à la fois matérielle et intellectuelle a suivi sa
défaite.

La France paie ses fautes, voilà le vrai, et elle
les paie chèrement, mais elle les rachète. En 70,
précisément, elle a surtout expié l'Empire, c'est
l'Empire qui fut battu, beaucoup plus que le pays.
Et, tout de suite après la chute du régime responsable, si l'on n'a pu dans le désarroi des armées
ramener la victoire sous nos drapeaux, du moins

n'a-t-on guère tardé, avec les premiers jours pacifiques, à reconstituer la nation et même sa force militaire. Pendant quatre ans qu'a duré la lutte atroce contre un peuple de rapine, on n'a vraiment pas vu que notre pays ait fait si piteuse figure. Si la liberté du monde a pu être sauvée, c'est à cette France humiliée, décriée et soi-disant démoralisée qu'on l'a dû.

Ne parlons donc plus d'affaissement et de décadence. Non, « les Français doivent abandonner leur pessimisme actuel en comprenant que la prétendue décadence des peuples latins est une aberration dont il faut se débarrasser au plus tôt » [1].

Ce qui fait illusion, c'est que la France est trop souvent un peuple qui s'abandonne, et cela est grave, mais elle est aussi un peuple qui se reprend, et cela est rare. Elle n'a pas, si l'on veut, de principes de conduite arrêtés, elle n'est coulée ni dans le moule du puritanisme anglo-saxon ni dans la forme rigide de l'impératif kantien, et si la morale c'est le pur devoir, l'observance stricte de la règle, il faut l'avouer, la France n'est pas morale. Mais peut-être y a-t-il de la moralité une conception moins doctrinaire, à la fois plus souple et apparemment plus vraie, celle d'une nature généreuse qui se réalise et qui se donne et qui, refusant de se plier à une loi étrangère, sait se dicter à elle-

1. Novicow, *L'expansion de la nationalité française*, p. 188.

même, quand il le faut, sa loi. Voilà le vrai : la France n'est pas hétéronome, mais autonome, elle n'a ni n'accepte une morale sociale, elle se fait une morale toute personnelle.

Son idéal, c'est elle-même. Elle se sait, ou elle se sent un type supérieur d'humanité, un modèle pour les autres hommes et pour les autres peuples. Or un modèle n'a pas à se régler sur autre chose, c'est sur lui que tout le reste se règle. Telle est au fond la France. Qu'elle soit, avec tous ses défauts et même ses quelques vices, et du coup elle apporte une morale plus haute, une conception morale plus achevée que celle dont s'inspirent les autres peuples. La preuve en est que, tous tant qu'ils sont, ils cherchent à l'imiter et à la rejoindre. Ils avouent, quand ils sont sincères, qu'elle leur a inspiré toutes leurs grandes idées et tous leurs progrès véritables. Pas une réforme de l'individu et de la société dont elle n'ait la première indiqué la nécessité et amorcé la réalisation. L'Évangile des temps nouveaux, le souci des faibles et le désir surtout qu'il n'y ait plus de faibles, c'est la France qui, par son exemple, l'a enseigné à l'univers.

Qu'importe dès lors que le Français soit indiscipliné, versatile, frivole ! Ses défauts, qu'on le remarque, sont des défauts qui ne nuisent qu'à lui-même — ce sont ceux-là, il est vrai, qu'on pardonne toujours le moins ; ses qualités sont de celles qui servent à tous — ce sont également celles, reconnaissons-le, dont on vous sait le moins gré.

Le vrai, c'est que les mots de la langue morale ne sont guère de mise quand il s'agit du Français. On parle la langue morale, la langue de Kant, à des êtres foncièrement ou pour le moins principalement mauvais, à des êtres dont il faut contenir les penchants, réprimer les tendances. La morale est une discipline, une contrainte, une prison. Il n'y a pas de gendarme pour qui ne vole pas, il n'y a pas de morale pour qui ne songe pas à mal, il n'y a pas de morale pour l'innocent.

Et le Français est innocent, il est également bienfaisant. L'idée de nuire à autrui n'est certes pas une idée française. Ce n'est pas dans ce pays qu'on édifierait savamment tout un système d'expropriation et de spoliation des autres. Au contraire, le besoin de voir autour de soi de la joie, des visages riants, des êtres confiants, heureux, ce besoin fait partie intégrante de la sensibilité du Français. Qu'allez-vous lui parler de discipline, de férule, de verroux et de grilles? Tout cela l'horripile, l'assomme. Le dimanche austère du protestant, symbole de cette moralité impérieuse et sans horizon, ne lui dit rien qui vaille, à lui qui chôme même le lundi. Il ne met pas l'humanité en cage, les oiseaux sont faits pour voler et non pour la volière. Que tous s'ébattent au grand air, et lui tout le premier.

Au fond, le Français est plus que moral, il est sain. Il faut la morale aux malades et le Français est bien portant. C'est pourquoi son organisme a pu supporter et surmonter tant de crises. Qui, vingt fois, ne l'a cru perdu? Michelet, Quinet, Renan, chacun à son heure, ont pronostiqué la chute de la France. Et toujours elle a survécu, plus forte et plus neuve. A la crise qu'elle vient de traverser, plus redoutable que les précédentes, elle a résisté héroïquement, elle en est sortie saignante, mais affermie par l'épreuve. Et jamais elle n'aura été plus justement admirée ni plus passionnément aimée.

Cette vigueur, cette robustesse rendent donc oiseuse la question de la moralité française. Cette question, la France ne la résout pas, ne la pose même pas, elle l'écarte, c'est une pseudo-question. En morale comme en tout le reste, le Français est avant tout un intuitif. Là où d'autres, péniblement, interrogeront le devoir, scruteront leur conscience, lui, d'instinct et joyeusement, trouvera la solution. La morale française, si l'on tient au mot, ne peut être qu'une morale individuelle, une esthétique.

CHAPITRE IV

LA FRANCE ET LE MONDE

Pour comprendre la France, il ne faut pas l'isoler. L'Angleterre s'isole, splendidement — et l'Allemagne, haineusement. Mais non pas la France. Cette nation ne se suffit pas à elle-même. Elle se situe par rapport au monde, et le monde ne se conçoit pas sans elle. Supprimez la Grèce d'abord, Rome ensuite ; que reste-t-il de l'antiquité? Certes, le rôle de la France n'est pas de nos jours ce que fut autrefois celui de la petite république athénienne ou de l'immense empire romain, mais son influence morale n'est guère moindre, elle rayonne sur l'univers. Le jour où elle disparaîtrait, la catastrophe serait comparable à celle qui suivit la chute de ces deux grandes civilisations. Un ordre nouveau s'instituerait sans doute, mais il régnerait sur des ruines. Pour un temps, pour un long temps même, ce serait un chaos mental, un anéantissement moral. Le monde aurait perdu son âme.

Ce monde, comment la France l'a-t-elle donc
conquis? A la fois par les armes et par la pensée;
elle s'est, parfois peut-être à son corps défendant,
servie de la force pour apporter et instaurer le
droit. La France dans la paix, la France dans la
guerre, c'est toujours la France montrant à l'univers la voie dans laquelle il doit s'engager.

I

La France a fait la guerre au monde. Mais, par
un nouveau paradoxe, c'est lorsqu'elle s'est opposée à lui qu'elle l'a peut-être le plus profondément
pénétré. Elle l'a combattu, on oserait presque dire
en altruiste et en tout cas ses victoires ont servi
le vaincu autant et plus qu'elle-même. Son ardeur
combative est extrême, mais il faut qu'elle soit
soutenue par la conviction que du choc des épées
sortira finalement le triomphe de la justice.

De là cette armée unique et déconcertante où le
plus indiscipliné des hommes fait le plus admirable des soldats.

Ce soldat, Napoléon l'a défini d'un mot, lui qui
s'y connaissait en hommes, et qui connaissait ses
hommes : c'est le grognard. Le grognard, qu'on le
remarque bien, c'est, dans sa sphère, l'esprit critique. Il se rend compte de ce qu'on exige de lui,
et qu'il y va du don complet de sa personne, donc

qu'il peut et doit exiger garanties suffisantes et satisfactions légitimes. Soupçonneux, grinchu, il a le sens aigu de ses droits, limités mais précis : son tabac, son pinard et, pour mourir, son tour de bête. Nul n'est plus sensible au passe-droit, nul ne l'est davantage à l'éloge qu'il a conscience d'avoir mérité. Il pourra détester son chef, si celui-ci se montre inutilement brutal ou maladroit; il pourra l'adorer, s'il sait le prendre; mais il n'aura jamais pour lui un sentiment d'indifférence. Il n'est pas passif, il faut qu'il réagisse.

Au fond, ce soldat reste toujours un citoyen. Il entend être traité en homme libre. Il est Français, donc il comprend. Il se battra comme un lion, mais seulement s'il se rend compte de la nécessité de sa mission; il veut bien mourir, mais non se faire tuer stupidement, pour rien.

Mais il est insupportable dans la paix, il ne se révèle que dans la guerre. A ce moment, l'antimilitariste forcené est au premier rang de ceux qui luttent; il apporte la même ardeur de prosélytisme dans la tranchée, contre l'agresseur, que dans la réunion publique ou sur la barricade, quand il affirme sa foi dans un ordre social meilleur.

Individualiste en tout, le Français le reste sur le champ de bataille. Il y déploie des qualités d'initiative. Il excelle à combattre en ordre dispersé. Pour lui la guerre est un duel, une série de combats singuliers. Il a le désir de se distinguer, de trancher sur les autres, il a en horreur les mouvements de masses.

Avec cela, et quoi qu'on en dise, aussi tenace dans la résistance qu'emballé dans l'attaque. Il a un allant de tous les diables et la *furia francese* n'est pas un vain mot. Mais ce n'en est pas non plus un que cet autre : tenir. Il sait souffrir, il sait attendre et, le moment venu, il fonce sur l'obstacle.

Son plus grand défaut, c'est l'imprévoyance, une imprévoyance stupéfiante, inouïe. S'il accepté la guerre de taupes qui lui a été imposée pendant tant de mois et s'il s'y est-adapté parce qu'il l'a fallu, il ne l'en exécrait pas moins. Il ne l'avait pas préparée. Elle était trop ennuyeuse pour qu'il la crût même possible. Elle est grise, elle est terne, elle est lente. Il lui faut du panache et la guerre en dentelles.

Autre danger, qui n'est guère moindre : un optimisme facile. Cela ira toujours, vaille que vaille. Il croit trop à l'efficacité des moyens de fortune. Agile, débrouillard, se retrouvant vite dans une situation, il en conclut que les préparations ne sont pas nécessaires et qu'au moment voulu, avec ses qualités natives, il se tirera toujours d'affaire. De là cette impréparation, qu'on dirait presque systématique, cette inutilisation des compétences qui s'est révélée tout au long de cette guerre et qui faisait de notre armée une vraie cour du roi

Pétaud. L'axiome fondamental, c'est que *n'importe qui est capable de faire n'importe quoi n'importe où et n'importe comment.*

Mais s'il n'a pas le génie de la patience, le Français le rachète en quelque mesure par celui de l'improvisation. Il a une faculté d'assimilation étonnante, il sait faire quelque chose, et beaucoup de choses, de rien. Renan, qui l'a vu et dit pour d'autres ordres d'idées, l'aurait pu dire aussi de la guerre. « C'est justement le privilège de la France de savoir se plier à tout et d'exceller même en ce qu'elle emprunte... En une heure, la France peut ainsi réparer toutes ses fautes passées [1] » Souvenons-nous de « l'heure de la Marne », dé « l'heure de l'Yser », de « l'heure de Verdun », de « l'heure de la Somme », de ces minutes tragiques qui ont sauvé l'avenir du genre humain. Quand on pense qu'au début des hostilités certains officiers, et qui n'étaient pas des moindres, disaient : « Trop de canons » et quand on a vu la production intensive de matériel dans un pays qui a vécu sur cette erreur, on peut mesurer la distance franchie et apprécier avec quelle rapidité il a su comprendre et retenir la dure leçon des faits.

Cette armée est donc unique. Elle n'est pas et, quoi qu'on en pense, elle n'a jamais été une armée de métier, une armée de mercenaires. Non pas même ni surtout peut-être sous Napoléon : elle était alors

1. Renan, *Questions contemporaines*, p. 102.

une armée d'élection, une armée de fanatiques
combattant pour leur Dieu. Et plus que jamais
aujourd'hui, elle est au premier chef une armée
nationale. L'active qui, au dire des compétences,
devait, avec l'appoint de quelques réserves, en
constituer le tout, n'a été finalement que le noyau
autour duquel sont venus s'agglomérer pour faire
bloc tous les éléments vivants de la nation, depuis
les Marie-Louise des plus jeunes classes jusqu'aux
« pépères » et aux grands-pères R. A. T. C'est le
pays qui s'est battu et non pas une sélection de
combattants constituant un État dans l'État.

Donc, l'armée française est l'armée de la France.
La France n'est pas la Prusse, elle ne se laisse pas
encaserner. Elle n'est pas à la solde et à la suite
d'une caste militaire qui la fait servir à ses fins de
domination égoïste. Elle est une nation qui veut
la paix, mais qui pour l'avoir et pour la consolider
fait la guerre.

Cette guerre, l'aime-t-elle? ou si elle la hait?
Tous les sons de cloche se font entendre et tous
apportent leur note au concert.

Elle l'aime, disent les uns, et elle l'aime avec
frénésie. Est-il un peuple qui ait inscrit plus de
pages, et de plus glorieuses, à son histoire militaire? La France aime la guerre pour la guerre,
pour le fracas et l'enivrement des batailles. Dès
son enfance, le petit Français joue aux soldats de

plomb. Toute sa vie il rêvera de combats, de bannières déployées, de charges héroïques. Ne se rappelle-t-on pas les protestations indignées qui s'élevèrent de toutes parts le jour où un ministre assez malencontreusement inspiré proposa de supprimer les tambours ? La guerre, c'est l'éclat des couleurs, le drapeau tricolore et le pantalon rouge ; c'est tout ce qui se voit, tout ce qui s'entend, tout ce qui frappe les sens et l'imagination. « Les jeunes comme les vieux aiment à se divertir avec le son du tambour et la fumée de la poudre, avec toute sorte de jouets d'éclat [1] ».

Le Français n'aime pas la guerre, répond une Edith Wharton, il la condamne et la méprise. « Les Français détestent le « militarisme ». Ils le trouvent stupide, inesthétique, dépourvu d'imagination, asservissant ; rien, plus que ces quatre motifs, ne saurait le faire haïr davantage [2] ». Et le fait est qu'il choque en nous toutes nos tendances, notre bon sens averti, notre goût d'art, nos envolées éperdues et par-dessus tout notre besoin de liberté. Pas plus qu'il ne doit être une caserne pour le vainqueur, le monde ne doit devenir une prison pour le vaincu. Au fond, ce que le Français déteste dans cet esprit militariste, c'est qu'il est destructeur, négateur, annihilant.

1. Heine, *Lutèce*, p. 62.
2. E. Wharton, *L'âme de la France*, Revue de Paris, 1er février 1917, p. 680.

Et ce n'est pas là un trait d'exception. Dans tous les domaines, les spectacles sanglants font horreur à la race. Les combats de taureaux n'ont jamais pu réussir en France, sauf dans quelques villes du Midi; quand on a voulu les lui imposer, Paris les a sifflés et hués. Si la boxe est chez nous en faveur — et on est resté longtemps avant de l'accepter — c'est seulement dans la mesure où elle est devenue un art, où le Français parvient à dégager la psychologie qu'elle enveloppe.

Mais s'il n'est pas militariste, le Français sait être, le cas échéant, *guerrier*. A une condition toutefois, c'est qu'il comprenne pourquoi il se bat. Ce peut être pour un homme, à preuve son Napoléon. C'est plus souvent pour une idée. Et c'est pour l'homme surtout quand il incarne l'idée. Napoléon lui-même ne fait qu'en apparence exception à la règle. Au début, quand il n'est encore que Bonaparte, il représente l'esprit de la Révolution. Et plus tard, jusque dans ses rêves de gloire, c'est toujours la liberté qu'avec lui la France s'imagine apporter au monde.

En somme, l'idée dominante c'est que la guerre ne se justifie pas si elle n'est le moyen du droit. Mais ce jour-là elle apparaît inéluctable et sacrée. Victor Hugo lui-même, l'apôtre des temps futurs et de la paix universelle, ne disait-il pas dans l'*Année terrible*, comme s'il pressentait le cataclysme actuel :

Une dernière guerre, hélas ! il la faut, oui ?

Une dernière guerre, une guerre qui sera la dernière, qui mettra le point final à la guerre. Une guerre qui par conséquent ne sera pas une revanche.

Opposera-t-on les manifestations, en apparence contraires, du sentiment national français à l'égard des provinces perdues en 1870? Ce serait se méprendre étrangement sur leur sens. Si l'on a, peut-être à l'excès, prononcé chez nous ce mot de « revanche », ce fut, sinon tout de suite chez quelques esprits sincèrement exaltés, du moins bien vite et chez presque tous, en y attachant une conception toute contraire de justice et de restauration du droit violé. Il n'emportait avec lui aucune idée de militarisme, ni même de nationalisme au sens étroit du terme. Ce n'était en tout cas pas une idée directrice de la politique française et jamais le sentiment douloureux et presque religieux que la France avait conservé pour ses deux provinces ne l'eût conduite à prendre les armes. « C'était un sentiment d'affection pour l'Alsace bien plus que de haine contre l'Allemagne[1] ». Il ne s'agit pas tant de reprendre un territoire que de retrouver une âme. La patrie, cette « grande amitié », ne veut pas rester mutilée.

1. Baldwin, *La France et la guerre*, p. 18.

Donc, pas de guerre qui ne soit qu'une guerre, qui ne vise que des buts de rapine et de dévastation. Pour l'Allemand, la guerre c'est la curée, faire un désert en s'emparant de la richesse. Pour le Français, même quand il la juge nécessaire, elle doit être un véhicule de la civilisation et un instrument de la justice.

Alors, il y déploie toutes ses qualités héroïques. Il sait souffrir, il sait mourir. Il se raidit contre la douleur. L'épicurien de la veille devient un stoïcien sur le champ de bataille où il reste étendu pendant des heures, sur la table d'opération où il se laisse charcuter, souvent sans même vouloir être endormi. « Un Français doit souffrir sans crier[1] ». Et de même il sait éprouver « la joie de mourir pour que le pays vive[2] ». Mieux que tout autre, il connaît dans l'ivresse du triomphe ou simplement dans la satisfaction du devoir accompli la bonne mort, l'euthanasie.

Voilà la vraie « mentalité de guerre » d'un pays qui veut la fin de toutes les guerres. C'est, au vrai, la combativité sous sa forme la plus naturelle et la plus simpliste. Ce n'est pas, comme ailleurs, la brutalité et la sauvagerie. Le Français n'est pas un barbare.

1. M. Dugard, *Ames de France*, Revue de Paris du 15 décembre 1915, p. 821.

2. Chévrillon, *La France et la guerre*, Revue de Paris du 15 janvier 1915, p. 287.

Aussi, partout où il a combattu, il a su se faire aimer. On ne pourrait guère citer de pays conquis par les armées napoléoniennes qui n'ait conservé un souvenir émerveillé du passage et du séjour de nos troupes. Notre nation n'a jamais fait cette guerre de dévastation systématique poursuivie par l'Allemagne en Belgique, en Pologne, dans les régions envahies de notre territoire. Le terrorisme peut être une méthode, et même une méthode fructueuse, ce n'est pas la nôtre. *Oderint dum metuant.* Non, qu'ils aient confiance et, s'il se peut, qu'ils aiment. La France a pu conquérir des pays par la force; elle a toujours su, en très peu d'années, les faire siens. Elle a été, entre toutes, la nation assimilatrice.

II

La paix, s'il le faut, par la guerre, mais de préférence par la paix, en tout cas la paix par le droit, tel est l'idéal de la France, idéal à la fois national et hautement international. L'esprit français, en apparence bravache, chauvin, panachard, est essentiellement en son fond un esprit de paix.

Et il l'est pour de multiples raisons. Le Français est pacifiste à la fois d'instinct et de volonté, de cœur d'abord, ensuite de raison.

La générosité, nous l'avons vu, est l'essence de

l'âme française. Le voulût-il, le Français ne saurait pas haïr. La haine est un vice qui suppose des vertus que le Français n'a pas : une ténacité, une continuité dans la raideur que sa nature infiniment souple ne comporte à aucun degré. Et avec cela une étroitesse de vues qui engendre le fanatisme. La haine est forte parce qu'elle est simpliste, brutale, concentrée sur son objet. Non, vraiment, les délicats ne sauraient ni l'éprouver ni même la comprendre.

La France est au contraire « la nation qui sait aimer et admirer[1] ». Elle est compréhensive, ouverte et non fermée. Elle ne se replie pas sur elle-même, ne s'affirme pas comme un empire dans un empire, mais aspire à se fondre comme une partie dans un tout. Elle veut entre personnes libres un équilibre heureux et consenti. Son rôle n'est pas de prendre, il est d'assimiler. Pour elle il n'y a pas proprement d'*étranger* et c'est pourquoi, fût-ce à leur corps défendant, ceux-là mêmes qui lui sont le plus violemment hostiles se laissent conquérir, fasciner, enchanter par elle. Elle exerce sur eux cette « puissance de sympathie[2] » que dit si bien M. Novicow. Ce n'est pas l'emprise brutale des États-Unis d'Amérique, la goutte d'eau emportée dans le tourbillon, contrainte de suivre le mouvement irrésistible de la masse torren-

1. Renan, *Discours et Conférences*, p. 162.
2. Novicow, *L'expansion de la nationalité française*, p. 24.

tueuse; non, c'est une infiltration lente, un enveloppement discret, mais irrésistible; en un mot, c'est une sympathie.

Sympathie à laquelle nul n'échappe. On le voit par l'histoire de ses conquêtes et de son œuvre colonisatrice. Sans doute, on y trouve — comme ailleurs, mais moins qu'ailleurs — plus d'une page sanglante. Mais — ce qu'ailleurs on ne trouve pas — on y voit toujours, à côté des empiètements possibles de la force, la sûre attraction de la tendresse.

-Faut-il citer l'Alsace, la province entre toutes fidèle, qui s'est « donnée de volonté [1] » donnée pour ne plus se reprendre? On chercherait vainement en France une Pologne, un irrédentisme quelconque. Et les provinces les plus farouchement séparatistes du début sont aujourd'hui les plus ardentes dans leur foi et dans leur amour national. Où sont les Chouans de Bretagne? Où les Flamands épris pour un temps d'autonomie? Tous gagnés, tous au premier rang, et parmi les plus tenaces, dans la lutte tragique où ils venaient défendre, avec leur pays, la cause de toutes les libertés.

Et dans cette entreprise si discutable de la colonisation, il n'en va pas autrement. Certes, des exactions ont été commises, des inégalités subsistent et des injustices qu'il conviendrait de r éparer. Mais jamais ailleurs l'indigène n'est en somme

1. Michelet, Notre France, p. 205.

moins éloigné du colon et surtout du représentant de la nation française. Un Loti anglais ne pourrait pas écrire une « Algérie sans les Français » comme le nôtre — non sans quelque parti pris d'ailleurs — a écrit une « Inde sans les Anglais ». Ce n'est ni la morgue britannique, ni la brutalité teutonne. Et si ce n'est pas encore — il s'en faut — le respect de l'égal, c'est du moins un esprit de patronage, de protection parfois un peu distante, mais qui sait, le cas échéant, s'abaisser jusqu'à la familiarité et presque à l'intimité.

Heine avait compris le sens de notre patriotisme pacifiste, et qu'il était, non pas faiblesse, mais tendresse, quelque chose d'assez analogue à la *caritas generis humani* du stoïcien. « En France, le patriotisme consiste dans l'amour pour le pays natal, parce qu'il est en même temps la patrie de la civilisation et des progrès de l'humanité[1] ». Ce que le Français aime dans la France, c'est elle-même et c'est plus qu'elle-même, c'est sa puissance d'élargissement : la France se dilate en humanité. Et si elle n'existait pas pour les autres, elle cesserait d'exister pour soi.

Mais ce sentiment, si fort soit-il, ne fonderait pas un pacifisme durable s'il ne s'appuyait sur la raison, s'il n'était avant tout à base de clarté et de bon sens. La paix, et la paix seule, est la condition

1. Heine, *Reisebilder*, T. I., p. 378.

du progrès matériel et de la réforme morale, en un mot, la condition du bonheur. Le Français veut la paix parce qu'il prétend être heureux et parce qu'il est assez intelligent pour comprendre les moyens qui lui permettent de le devenir. « La France est profondément pacifique; ses préoccupations sont tournées vers l'exploitation des énormes sources de richesses qu'elle possède et vers les questions démocratiques et sociales [1] ». Trop indolente, hélas! pour résoudre ce double problème industriel et politique, du moins l'a-t-elle posé dans ses vrais termes.

Là encore, la France a compris. La guerre est certainement odieuse, mais elle est encore plus stupide. Elle repose sur une incompréhension fondamentale. Elle veut être fructueuse pour le vainqueur, et sans doute elle l'était autrefois, dans l'état de barbarie primitive où vivait l'humanité. Alors, on ne savait pas travailler, on volait. Mais la science a changé les conditions d'existence et de prospérité de l'homme : un peuple intelligent travaille et ne vole pas. Sur ce point, la conception de l'ouvrier rejoint celle du patron. A cette question : Pourquoi la France est-elle pacifiste ? l'un et l'autre répondraient : Parce qu'il est absurde de ne pas l'être. Aussi est-elle devenue de plus en plus pacifique à mesure que, prenant conscience d'elle-même, elle a rejeté l'esprit germain, l'esprit

1. Renan, *Réforme intérieure et morale*, p. 175.

de rapine. Elle a proscrit la guerre en proscrivant, avec l'ancien régime et pour jamais, ce qui subsistait encore dans son histoire des traditions du moyen-âge.

Rationnel, son pacifisme sera par là même avant tout juridique. Le droit, c'est la forme pratique de la raison dans les rapports d'homme à homme et de peuple à peuple. C'est la négation du *surhomme* et du *surpeuple*. Au « Deutschland über alles » il oppose « la France sur le même plan que les autres nations ». Nul ne l'a plus fortement compris, ni n'était mieux placé pour le comprendre, que ce peuple américain, peuple neuf si voisin du nôtre qui, lui, est capable de se renouveler sans cesse. C'est ce que M. Baldwin a exprimé avec une remarquable lucidité : « En France, il n'y avait pas de parti « pangallique », correspondant à la campagne « pangermanique », ni de bureaucratie militaire servant à la diffusion de l'esprit nationaliste ; mais un mouvement persévérant dirigé par des hommes comme le baron d'Estournelles de Constant, en vue de l'établissement d'institutions judiciaires internationales[1] ». L'idée de nation, c'est-à-dire de personne morale, est une idée qui vient de France et elle élimine celle de peuple élu, c'est-à-dire, derrière la façade mystique qui recouvre tant d'appétits et de si bas, de dominateur du monde et de négateur de l'humanité.

1. Baldwin, *La France et la guerre*, p. 34.

Mais, objectera-t-on sans doute, il n'y a là qu'un rêve; rêve dangereux d'idéologues qui ne tiennent pas compte des réalités, rêve anémiant et stérilisant, car il endort les énergies et les facultés de résistance. L' « illusion pacifiste », qui nous a déjà valu peut-être le réveil terrible de 1871, ne risquait-elle pas de nous préparer encore de lugubres lendemains ? Et en faut-il une autre preuve que le régime d'impréparation militaire qui, sans le ressaut de la Marne, menaçait d'annihiler la France ?

Et puis le pacifisme n'est-il pas signe de mollesse et de décadence ? N'est-il pas le fait d'un peuple dont l'idéal se dissout, faute de fixer un objet précis à une volonté fermement arrêtée ? Que veut la France et se veut-elle elle-même ? On en pourrait parfois douter. Renan, déjà, manifestait ses inquiétudes qui depuis, chez plus d'un, n'ont fait que s'aggraver. Il en vient à regretter expressément que la France se soit, si l'on peut dire, « dégermanisée » et par là, d'après lui, « décivilisée ». « L'esprit militaire de la France venait de ce qu'elle avait de germanique; en chassant violemment les éléments germaniques et en les remplaçant par une conception philosophique et égalitaire de la société, la France a rejeté du même coup tout ce qu'il y avait en elle d'esprit militaire[1] ». Et si l'on voit ce qu'elle y a perdu,

1. Renan, *Réforme intérieure et morale*, p. 24.

on saisit mal ce qu'elle y aurait gagné, sauf peut-
être la jouissance béate et précaire de la richesse
trop aisément acquise. « Une nation ainsi faite
peut arriver au comble de la prospérité matérielle;
elle n'a plus de rôle dans le monde, plus d'action
à l'étranger[1] ». Et cela à juste titre, puisqu'elle
s'est refusée à l'effort, à cette persévérance de
l'être dans son être qui, pour le pays comme pour
l'individu, est la condition fondamentale de l'existence et du salut. « Il y a du vrai, en effet, dans le
principe germanique qu'*une société n'a droit à son
plein patrimoine que tandis qu'elle peut le
garantir*. Dans un sens général, il n'est pas bon
que celui qui possède soit incapable de défendre
ce qu'il possède[2] ». Et par là notre pays semble
se renoncer lui-même; pacification devient synonyme d'abdication. « Notre société devient trop
exclusivement une association de faibles ; une
telle société se défend mal [3] ». Il n'y a plus de
vitalité chez un peuple qui fait consister son idéal
dans le bien-être acheté au prix de la paix universelle. Il est à la merci des entreprises de la force
brutale.

Pour ancien qu'il soit, ce réquisitoire est d'ac-
tualité et nous ne pensons pas qu'on en ait jamais
prononcé de plus fort. Est-ce à dire qu'il soit

1. *Id., ibid.*, p. 26.
2. *Id., ibid.*, p. 32.
3. *Id., ibid.*, p. 33.

fondé? Et faudrait-il à jamais désespérer de la démocratie, ne croire qu'à la vertu de la violence? Est-ce cela, vraiment, qui peut faire vivre un pays?

Certes, il peut y avoir des erreurs de tactique et des fautes commises, allons plus loin, il peut y en avoir de décisives, sinon de réellement irréparables. Un peuple, tout comme un individu, risque d'être dupe de sa générosité. Mais, dût-il en souffrir, disons plus, dût-il pour un instant en périr, il ne se peut pas que finalement, sous une forme ou sous une autre, il ne ressuscite, et avec lui son idéal. La Pologne a été jugulée, divisée, écartelée. Est-elle morte? Et ne voit-on pas au contraire que, plus vivante aujourd'hui que jamais, elle a paralysé par son action latente toutes les entreprises de la force? Le militarisme eût-il été provisoirement vainqueur, le pacifisme ne l'en eût pas moins emporté finalement, et même rapidement. Il est l'avenir, et un avenir imminent, parce qu'il est la vérité.

Il engendre l'indolence? Non, au mieux l'insouciance de certaines forces, caduques et désuètes. Il est le refus du passé, des choses mortes,

> Car le passé se nomme haine
> Et l'avenir s'appelle amour.

Qu'il fût submergé pour un temps, c'était possible, mais, telle la Grèce antique conquérant son farouche vainqueur, il n'aurait pas pu ne pas s'emparer de celui qui, bien à tort, eût pensé l'avoir écrasé à jamais. Il n'y a pas d'exemple dans l'histoire d'une nation supérieure expropriée par une nation inférieure qui n'ait insufflé à celle-ci, en très peu de générations, son idéal révolutionnaire : les Gallo-Romains ont fait la France, et non pas les Francs qui les avaient asservis, de même que Rome ne s'est vraiment et pleinement affirmée que du jour où Athènes s'est retrouvée en elle. Il n'arrive jamais qu'une idée vraie et juste, quand son heure a sonné, soit vaincue par le mensonge. Les premiers chrétiens ont été crucifiés, les précurseurs de la Révolution emprisonnés ; mais le christianisme a conquis l'Empire, les législateurs désarmés de 89 et de 92 ont tenu en échec les armées de la monarchie absolue. Les peuples pacifistes, à l'extrême rigueur, pouvaient être écrasés, mais le pacifisme aurait surgi de leurs cendres parce qu'étant la justice de l'heure, il est la suprême vérité.

Il n'y a donc pas trace d'anémie ou de mollesse dans cette large conception humanitaire contre laquelle se dressait l'impérialisme allemand. Ses imprudences pouvaient reculer l'heure de son triomphe, mais elle n'en eût pas moins sonné et, quoi qu'on pense, très vite. Il a triomphé contre son ennemi, il eût triomphé par son ennemi. Le monde ne peut pas vivre sans la paix et, de ne pas l'avoir eue, voici qu'il est à demi mort. Or, le monde ne veut pas mourir et le monde ne peut pas mourir. La civilisation, avec tout ce qu'elle suppose, n'est pas à la merci des vicissitudes militaires. Le temps n'est plus des invasions barbares. La science libératrice a passé par là, et si aujourd'hui on l'emploie, criminellement et plus encore stupidement contre elle-même, elle est certaine d'avoir le dernier mot.

La France, patrie intuitive autant qu'intellectuelle, est la première à l'avoir vraiment compris. Elle fait, et c'est là son destin, les grandes expériences morales, elle expérimente l'idéal, partant elle le réalise. C'est se méprendre bien lourdement, s'appelât-on Renan, que de voir dans ce pacifisme un matérialisme, épais ou subtil, un désir de jouissances, grossières ou raffinées. Parler de « la direction matérialiste de la France [1] », c'est s'en tenir à la vue la plus superficielle et la plus fausse. La France est, entre toutes, la nation idéaliste, elle est proprement l'Idée qui se réalise. Il y a des hommes qui meurent pour une idée, mais l'idée leur survit. Il peut y avoir des peuples qui, eux aussi, meurent pour une idée et meurent d'être une idée. Mais l'idée rayonne en dehors d'eux, il sont la chrysalide dont elle est le papillon.

Aussi bien la France ne pouvait-t-elle pas mourir, pas plus que l'idée qu'elle incarne et qui

1. Renan, *Réforme intérieure et morale*, p. 115.

est proprement sa substance. On voit, par
l'exemple des États-Unis, ce peuple privilégié qui
ne traîne pas derrière lui tout un passé de haines
nationales, tout un arriéré de comptes à régler,
on voit que la formule normale des temps présents est la formule de production et non la
formule de destruction. Ils sont, dans l'ordre du
fait, ce que la France est dans l'ordre de la pensée, l'exemple qui illustre l'idée. Une grande
fédération de peuples libres ou libérés, une
conspiration heureuse des efforts allant de pair
avec une prodigieuse expansion de vitalité, voilà,
semble-t-il, la modalité nationale de demain dans
l'Europe rajeunie, comme elle est celle d'aujour-
d'hui dans la jeune Amérique. Sous la cuirasse de
fer qui l'étreignait, avec ses régimes de compression politique qui étaient autant d'anachronismes,
le Vieux Continent n'était plus qu'une survivance :
il y avait une antinomie profonde, irréductible,
entre ses prodigieux progrès matériels et ses
absolutismes avoués ou masqués. Seules, quelques
nations d'avant-garde, une Suisse, une France, et
jusqu'à un certain point une Angleterre, dessinaient
l'orientation future, l'ébauche du monde à venir.
Elles n'ont pas cru à la guerre, ce fut peut-être leur
erreur. Mais, si cher qu'elles l'aient payée, cette
illusion était grosse d'une vérité féconde : l'univers naîtra à la liberté par la paix.

C'est la conviction de la France. La France est

cette conviction. 89 ne fut pas autre chose que cette affirmation théorique se réalisant pratiquement entre tous les citoyens d'un même pays et tendant à se répandre dans tous les autres. Et, au cours du dernier siècle, même avec Napoléon Iᵉʳ ou du moins avec Bonaparte, plus encore dans les « guerres de nationalités » qu'elle a soutenues plus tard, c'est toujours le « génie pacifique et vraiment humain de 89[1] », qui a inspiré ce pays. Il devait atteindre à son paroxysme, si l'on ose dire, dans la crise mondiale actuelle. La France, dût-elle y rester, accouche la jeune liberté.

III

Dire qu'elle est pacifique, c'est dire de la France qu'elle est internationale. Et elle l'est en effet, au sens fort du terme. Non pas négation de la patrie, comme on l'a prétendu parfois sottement, mais exaltation de chaque patrie par la solidarité la plus étroite entre toutes.

Nier la nation est une absurdité autant qu'une impossibilité. On peut à la rigueur la rayer de la carte du globe, mais effacer des frontières ne suffit pas à supprimer une âme. Aussi bien n'est-ce point là l'œuvre de l'Internation, mais celle du pire despotisme, d'un Alexandre, d'un Attila,

1. Michelet, *Le peuple*, p. 343.

d'un Napoléon si l'on veut. Ce n'est jamais celle
de cette forme supérieure et harmonisatrice qui
tend à coordonner des personnalités pour que
chacune s'exprime clairement.

Il faut dire plus et montrer qu'avec le progrès
humain l'individualité nationale, loin de s'atténuer,
se caractérise de plus en plus fortement. La
« tendance à l'individuation » dégagée par
Spencer vaut également pour les peuples. Dès
qu'une nation devient une personne, un être juridique, elle prend une physionomie à elle propre,
elle apparaît irréductible, *sui generis*. Il est faux
de prétendre que la civilisation neutralise et
confond les patries. Ce n'est pas parce qu'elles
perdent en couleur locale qu'elles deviennent les
mêmes ou plutôt la même. La personnalité va du
dehors au dedans, de l'habit à l'esprit. Ni la
France actuelle n'est l'Angleterre, ni celle-ci n'est
l'Allemagne, ni cette dernière l'Italie. Et c'est au
contraire lorsqu'on est en présence d'une poussière
de peuples hétérogènes; les tronçons disparates de
l'Empire ottoman, les débris des États qui furent la
Russie juxtaposés par le tzarisme et désagrégés par
la Prusse, c'est dans ce morcellement et dans cet
émiettement que s'efface toute personnalité vraie,
que tout est gris, neutre, amorphe. A aucun moment
de l'histoire, au contraire, plus qu'à l'heure actuelle, les différentes nationalités n'ont eu davantage
conscience d'être pleinement et d'être leur être.

Mais à aucun moment non plus elles n'ont davantage senti la force des liens qui les unissaient et qu'il leur était, matériellement et moralement, impossible de vivre sur elles-mêmes et sans le secours des autres. Jusque dans les horreurs de cette dernière guerre s'est affirmée la solidarité qu'elle voulait nier, d'abord, en ce que c'étaient des coalitions, et non des nations isolées, qui étaient aux prises ; même pour commettre son agression, la Prusse a dû s'appuyer sur des alliés ; ensuite et surtout, en ce que cette rupture, même incomplète, de la solidarité mondiale a été, est une cause d'affaiblissement et de dépérissement pour tous les peuples. La gêne les paralyse et la famine les guette. S'isoler, aujourd'hui, c'est, tôt ou tard, périr.

Donc, il faut une union. On peut évidemment la concevoir sous la forme d'une hégémonie, c'est la formule du passé qu'on voudrait imposer au présent. Formule séduisante, mais qui n'est pas viable. Si, par un effroyable malheur, elle eût triomphé pour un temps, elle serait vite apparue irréalisable. Victorieuse dans l'Est, l'Allemagne y était visiblement débordée par ses conquêtes. Ce n'étaient que foyers de révolte lui réservant les pires mécomptes. Elle pouvait — c'est chose facile — y voler les richesses existantes, mais elle était bien empêchée d'y faire surgir des richesses nouvelles. L'esclave, de nos jours, travaille mal ou ne travaille pas.

Il n'a qu'un désir, se libérer. Multiplier les Pologne et les Alsace-Lorraine, c'est défier la destinée. Qu'eût-ce été si par aventure l'Occident, après l'Orient, avait dû subir la loi du plus fort! Ne voyait-on pas déjà l'impossibilité de pacifier, à plus forte raison de réorganiser les Flandres? Et le jour où l'on aurait voulu imposer la même loi de fer à de grandes nations, l'Italie, l'Angleterre, la France, à quels obstacles ne se serait-on pas heurté! On n'est pas, ou du moins on n'est plus le garde-chiourme de l'univers.

Il n'est donc qu'un moyen de créer l'unité vraie entre les peuples, et c'est de la faire jaillir des peuples eux-mêmes. L'Internation ne peut naître que d'un consentement. Elle sera volontaire ou elle ne sera pas.

Elle sera, nous dit la France en apportant son *Credo* humanitaire au monde. A grands traits, et à traits de feu, elle a tracé le plan de la réforme à accomplir. La force de la France est une force idéale, c'est la sincérité de son amour pour tous les hommes, partant pour tous les peuples.

Qui, plus et mieux que Michelet, l'a compris et l'a exprimé? A travers toutes les petitesses et toutes les erreurs de l'histoire, il a aperçu et il a dégagé cette grande traînée lumineuse qui est la vraie tradition de notre pays. « Nous sommes les fils de ceux qui, par l'effort d'une nationalité héroïque, ont fait l'ouvrage du monde et fondé, pour toute nation, l'évangile de l'égalité[1]. » Il nous montre dans nos pères les pionniers de l'idéal, ceux qui « gardèrent pour eux, pour la France, l'originalité du dévouement, du sacrifice, que nul ne lui dispute[2] ». Elle a découvert cette vérité, entre toutes évangélique, mais d'un évangélisme actif et non pas seulement platonique, qu'à vivre pour les autres et à se donner toute on était pleinement soi, que l'égoïsme national, « l'égoïsme sacré », est une misérable duperie et qu'il n'y a de joie et d'efficacité que dans le renoncement. Quel spectacle et quel exemple ! « Si l'on voulait entasser ce que chaque nation a dépensé de sang et d'or, et d'efforts de toute sorte, pour les choses désintéressées qui ne devaient profiter qu'au monde, la pyramide de la France irait montant jusqu'au ciel. Et la vôtre, ô nations, toutes tant que vous êtes, ah! la vôtre, l'entassement de vos sacrifices, irait au genou d'un enfant![3] »

Si elle est aussi largement humanitaire, c'est parce que la France a conçu dans toute sa perfection le type achevé de l'humanité, ce que M. Boutroux appelle « l'idée, en quelque sorte platonicienne, de l'homme, c'est-à-dire le type le plus pur, le plus élevé, le plus beau et le plus parfait où puisse prétendre l'humaine nature[4]. » Elle

---

1. Michelet, *Le peuple*, p. 306.
2. *Id.*, *ibid.*, p. 306.
3. *Id.*, *ibid.*, p. 311.
4. *La France et les États-Unis*, Conférence de M. Boutroux, p. 15.

s'est elle-même en quelque sorte enchantée en le
concevant et en le façonnant. Pour le faire, elle a
donné libre carrière à toutes ses facultés de cœur
et d'esprit, elle s'est vraiment sculptée comme
une œuvre d'art. Et l'art est la forme la plus
haute du désintéressement, puisqu'il est la libération de toutes les servitudes matérielles. Il
s'étend donc tout naturellement à tous. Ce qu'elle
veut pour soi, la France le voudra pour les autres,
elle les fera communier dans sa foi. Foi rationnelle, foi laïque dans la valeur de l'être humain,
dans la possibilité pour lui, nous ne dirons pas
de se régénérer, car il n'est pas encore vraiment
né, mais de s'engendrer, de se produire, de
devenir celui qu'il recèle. Il faut — tel est le
vœu secret de la France — que toute l'humanité soit une élite et que chaque homme soit
un chef-d'œuvre, le chef-d'œuvre pleinement humain.

C'est encore un étranger, M. Baldwin, qui a le
mieux compris l'importance de l'élément esthétique dans la formation de notre idéal humanitaire.
La France, ce pays de la mesure et du goût, voit
dans l'homme parfait la personnalité merveilleu-
sement équilibrée, elle a, pourrait-on dire, le goût
de l'humanité. « La France se forme de nouveau
l'idéal où se révèlent un point de vue spirituel, une
morale plus sévère et une impulsion artistique
qui sont les formes esthétiques les plus aptes à

inspirer et élever l'âme[1]. » Le moyen, dès lors, qu'avec ce culte de l'achevé, du définitif, elle puisse s'en tenir à une doctrine de haine, se fermer et s'opposer violemment aux autres? Non, de même que le stoïcien, parce qu'il faisait de sa vie une œuvre d'art, ne pouvait pas ne pas vouloir idéaliser et harmoniser l'univers, de même le Français entendra faire de toute la planète terrestre le grand « Tout sympathique à lui-même. »

« Il faut une société d'amis à la France[2], » disait déjà Michelet, en définissant la patrie, sa patrie et la nôtre, de ce mot doux et rare, « l'Amitié. » Et cette société, faite avant tout de « l'union des esprits[3], » c'est à la totalité des êtres humains qu'il faut l'étendre. Renan ne pense guère autrement et l'analyse qu'il fait de notre sentiment national montre qu'il tend à s'élargir en sentiment humanitaire. « C'est par les profondeurs mêmes de notre unité française que nous sympathisons les uns avec les autres, que nous nous comprenons. Les mêmes artères nous ont nourris avant de naître; nous nous aimions en naissant[4]. » Unité française, unité humaine; identité foncière de tous, à l'intérieur des mêmes frontières et au-delà : où est la limite pour celui à qui rien d'humain ne reste étranger? Elle n'est que chez les peuples de

1. *Les États-Unis et la France.* Conférence de M. Baldwin, p. 166.
2. Michelet, *Le peuple*, p. 259.
3. *Id.*, *ibid.*, p. 291.
4. Renan, *Feuilles détachées*, p. 113.

proie qui, volontairement, s'excluent de l'humanité.

Rien d'étonnant, dès lors, à ce que la personnalité la plus accusée soit en même temps la plus accueillante aux autres personnalités, à ce que la nation la plus caractérisée soit en même temps la plus internationale. La personne, en effet, ne peut se développer que dans et par la société, elle s'enrichit par les contacts qu'elle garde avec toutes les autres, elle ne rétrécit pas son horizon. Et c'est une des formes que prend l'esprit généralisateur du Français, lorque sa pensée vise à se réaliser en action. Telle est, comme l'a dit le plus pénétrant de nos psychologues, « l'aspiration la plus profonde de l'âme française, qui va tout droit à ce qui est général et, par là, à ce qui est généreux[1]. » La fécondité, la puissance de création ne sauraient être égoïstes.

La politique extérieure de la France ne peut donc être qu'une politique de justice. Qui, plus qu'elle, a respecté le droit à l'existence des petites nationalités? Qui, plus qu'elle, a compris et cherché à prévenir le danger d'une prééminence nationale? Elle a pratiqué, faute de mieux, dans l'Europe boîteuse, la politique de l'équilibre, forme inférieure, mais jusqu'ici la seule possible, du droit respectif des peuples. Et voici qu'aujourd'hui, en présence des nouvelles perspectives qui s'ouvrent de-

1. *La Science française*, article de M. Bergson sur la Philosophie, t. 1, p. 38.

vant elle, elle va droit à la *Société des nations.*

Société — c'est-à-dire internation ; *nation* — c'est-à-dire personne morale. Les deux termes sont indissolublement liés l'un à l'autre comme, au moment de la Révolution française et pour les mêmes raisons, ceux d'*Individu* et d'*État*, de la partie, qui se veut toute, et du tout, qui seul la réalise. Et il ne faut pas s'y tromper : le but, c'est, ici l'individu, et là la nation, individuelle elle aussi ; le moyen, c'est la société, l'association, la force organisatrice, préservatrice, réalisatrice. Il s'agit de créer, dans et par la justice, le maximum de sécurité et de bien-être pour tous et pour chacun. C'est bien la *maximisation du bonheur*, telle que l'entendait Bentham, mais infiniment élargie. Et ce sont les conditions de la vie heureuse que la collectivité seule est capable de poser et de maintenir.

Cette société internationale ne ressemblera donc en rien à l'État. L'étatiste, c'est l'Allemand ; et, en donnant au mot son sens plein, le socialiste, c'est le Français, qui doit nous affranchir de la contrainte, de l'État, du maître. L'État asservit, la société libère. Et si ce qu'il y a d'indolence dans le tempérament français le porte trop aisément à s'en remettre à la tutelle du premier, du moins fait-il effort pour en secouer le joug et croit-il par dessus tout à la valeur des efforts concertés et consentis. Il ne conçoit pas autrement les rapports d'homme à homme, et donc ceux de nation à nation.

Car une nation est humaine à sa façon, est vraiment un exemplaire d'humanité.

L'internationalisme français est donc un élargissement de la fraternité universelle, mais d'une fraternité plus rationnelle encore que sentimentale, d'une fraternité morale. En un mot, c'est la justice pour tous. Ce n'est plus, comme jadis à Athènes, l'homme libre opposé à l'ilote, l'égalité entre les seuls élus, c'est le refus de l'ilote, l'élection de tous les appelés. D'où est parti, sinon de France, le grand mouvement de protestation en faveur des « races inférieures », nègres, jaunes ou Peaux-rouges exclus de la nationalité en même temps que de l'humanité? A plus forte raison ne saurait-elle admettre des nations diminuées, comme si on mesurait la valeur d'un peuple et son droit à l'existence à l'étendue de ses territoires. Il n'y a pas de peuples nains et de peuples géants, il n'y a pas de roseaux qui aient à plier à l'ombre du chêne. Et si parmi les nations sœurs il en est de faibles ou même d'infirmes, leur créance n'en est que plus impérieusement exigible, comme celle d'un enfant malade dans une famille unie.

De cet univers libéré, et qui s'aime, la France a toujours été le modèle. « Toute autre histoire est mutilée, la nôtre seule est complète... Avec elle vous savez le monde[1]. »

1. Michelet, *Le peuple*, p. 315.

TABLE DES MATIÈRES

DEUXIÈME PARTIE

L'INDIVIDU

CHAPITRE PREMIER. — L'INTELLIGENCE FRANÇAISE

TROISIÈME PARTIE

LA SOCIÉTÉ

CHAPITRE PREMIER. — LA FAMILLE

CHAPITRE II. — LA VIE POLITIQUE

SAINT-DENIS. — IMP. Vᵉ BOUILLANT ET J. DARDAILLON

LIBRAIRIE FÉLIX ALCAN

BIBLIOTHÈQUE D'HISTOIRE CONTEMPORAINE

L'Avenir de la France. RÉFORMES NÉCESSAIRES. *Avant-propos*, par M. MAURI
HERBETTE.
M. HERBETTE : La Diplomatie. — Lt-Colonel E. MAYER : L'Armée. — Cap.
Frégate SAUVAIRE-JOURDAN : La Marine. — ALPHAND : L'Élément moral.
H. LEYRET : Le Gouvernement et le Parlement. — J. IMBART DE LA TOUR : L'Adm
nistration. — G. MARTIN : Les Finances. — E. CHARBIER : Le Contrôle financi
— F.-L. MALÉPEYRE : La Justice. — G. BELOT : L'Éducation et l'Enseignement.
H. HÉBRARD DE VILLENEUVE : L'Assistance et la Prévoyance. — M. DEWAVRIN
Les Banques, l'Épargne et le Crédit. — F. NOUAILHAC-PIOCH : Les Travaux Public
— G. BRETON : La Marine marchande. — F. PILA : Le Système douanier.
C. CAVALLIER : Les Patrons. — A. KEUFER : Les Ouvriers. — CH. GIDE : La Législati
sociale. — H. SAGNIER : L'Agriculture. — C. CAVALLIER : L'Industrie. — P. FOU
NIER : Le Commerce intérieur. — A. LANDRY : Le Commerce extérieur. — C. MA
CLAIR : La Littérature, la Musique et les Beaux-Arts. — A. BERGET : La Scienc
— R. DE CAIX : Les Colonies.
1 fort volume in-8 . . . . 11 f

La Guerre et la Vie de demain. *Conférences faites à l'Alliance d'hygiè
sociale sous la présidence de M.* LÉON BOURGEOIS.
I. — ENFANCE ET JEUNESSE, par MM. ÉMILE BOUTROUX, le Professeur CHAU
FARD, Mme JULES SIEGFRIED, le Professeur PINARD, Mlle BERTHE MILLIAR
MM. le Dr MÖSNY, MONTJOUS, J. LEFEBVRE, COHENDY, GUSTAVE-BELOT, LOUIS LHAR
1 vol. in-16 . . . . 4 fr.
II. — LES RISQUES IMMÉDIATS DE LA GUERRE ET LEUR RÉPARATION, par MM.
Dr DOISY, le Dr BOURRILLON, JULES BRISAC, ARTHUR FONTAINE, CHARLES PICOU
NARD, CHARLES GIDE, FERDINAND LARNAUDE, GEORGES RISLER, MARCEL MAG
FERNAND FAURE : 1 vol. in-16 . . . . 4 fr.

EXTRAIT DU CATALOGUE

*Les prix indiqués ci-dessus comprennent la majoration temporaire décidée par
Syndicat des Éditeurs.*

333-19. — Coulommiers. Imp. PAUL BRODARD. — 6-19.